essentials

essentials liefern aktuelles Wissen in konzentrierter Form. Die Essenz dessen, worauf es als „State-of-the-Art" in der gegenwärtigen Fachdiskussion oder in der Praxis ankommt. *essentials* informieren schnell, unkompliziert und verständlich

- als Einführung in ein aktuelles Thema aus Ihrem Fachgebiet
- als Einstieg in ein für Sie noch unbekanntes Themenfeld
- als Einblick, um zum Thema mitreden zu können

Die Bücher in elektronischer und gedruckter Form bringen das Expertenwissen von Springer-Fachautoren kompakt zur Darstellung. Sie sind besonders für die Nutzung als eBook auf Tablet-PCs, eBook-Readern und Smartphones geeignet. *essentials:* Wissensbausteine aus den Wirtschafts-, Sozial- und Geisteswissenschaften, aus Technik und Naturwissenschaften sowie aus Medizin, Psychologie und Gesundheitsberufen. Von renommierten Autoren aller Springer-Verlagsmarken.

Weitere Bände in der Reihe http://www.springer.com/series/13088

Susanne Schinko-Fischli

Online Workshops mit Angewandter Improvisation

Soziale Kompetenzen
abwechslungsreich und spielerisch
online vermittelt

 Springer

Susanne Schinko-Fischli
Appenzell, Schweiz

ISSN 2197-6708   ISSN 2197-6716   (electronic)
essentials
ISBN 978-3-658-31704-1   ISBN 978-3-658-31705-8   (eBook)
https://doi.org/10.1007/978-3-658-31705-8

Die Deutsche Nationalbibliothek verzeichnet diese Publikation in der Deutschen Nationalbibliografie; detaillierte bibliografische Daten sind im Internet über http://dnb.d-nb.de abrufbar.

Planung/Lektorin: Eva Brechtel-Wahl
Springer ist ein Imprint der eingetragenen Gesellschaft Springer Fachmedien Wiesbaden GmbH und ist ein Teil von Springer Nature.
Die Anschrift der Gesellschaft ist: Abraham-Lincoln-Str. 46, 65189 Wiesbaden, Germany

Was Sie in diesem *essential* finden können

- Wie Sie mit Angewandter Improvisation soziale Kompetenzen spielerisch vermitteln können.
- Welche Bedeutung das „Yes, and…" Prinzip für ko-kreative Zusammenarbeit hat.
- Wie Sie ko-kreative Zusammenarbeit online trainieren können.
- Wie Sie Verbundenheit, Vertrauen und Offenheit in der Teamarbeit online aufbauen können.
- Mit welchen Übungen aus dem Improvisationstheater Sie online Workshops interaktiver, lebendiger und lustvoller gestalten können.
- Wie Geschichten aufgebaut sind und wie Sie Storytelling online zur Wissensvermittlung bzw. zur Verbesserung der Zusammenarbeit einsetzen können.
- Welche Bedeutung Ihr Statusverhalten bei online Meetings hat, wie Sie sich dessen bewusst werden und wie Sie Ihren Status bei Bedarf verändern können.

Vorwort

Am Dienstag, 10. März 2020 war ich auf dem Weg zu einem Ausbildungsseminar der Österreichischen Gesellschaft für Gruppendynamik und Organisationsberatung in Niederösterreich. Ich war mit dem Zug unterwegs und fuhr durch die tiefverschneite Landschaft von St. Anton am Arlberg. Draußen waren noch Skifahrer unterwegs, der Zug war voll und alles sehr friedlich. Das Seminar fand ich einem gemütlichen Landgasthaus im Waldviertel statt, am Abend saßen wir in der Gruppe zusammen und hatten es lustig.

Am Donnerstagabend veränderte sich die Situation plötzlich. Nachrichten und Gerüchte kamen auf allen Kanälen und vor allem über die sozialen Medien herein. Große Nervosität brach aus und plötzlich war völlig unklar, ob es nach dem Seminar möglich sein würde, wieder über die Grenze nach Hause zu fahren. Wir überlegten zunächst, das Seminar abzubrechen und entschieden uns gemeinsam dann doch, zu bleiben. Das Seminar war von diesem Moment an noch intensiver und der letzte Abend noch lustiger und ausgelassener. Das Landgasthaus hatte sich inzwischen geleert und am letzten Abend saßen nur noch wir und die Wirtsleute in der Gaststube. Alle Buchungen für die nächsten Wochen waren storniert worden.

Am Samstagnachmittag trat ich die Heimfahrt ins Ungewisse an: wie hatte sich die Welt in diesen wenigen Tagen verändert! Würde ich es über die Grenze zurück in die Schweiz schaffen? Der Bahnhof in St. Pölten war gespenstisch leer, am Gleis war niemand außer mir und im Zug saß ich fast allein. In Innsbruck stiegen gestrandete Skifahrer zu, vielleicht aus Ischgl? In St. Anton am Arlberg hielt der Zug erst gar nicht mehr und die Verbindung bis in die Schweiz war gestrichen. Ich stieg in Feldkirch aus und hatte Glück, mein Mann hatte die Grenze problemlos passieren können und wir konnten ohne Weiteres zurück in die Schweiz fahren.

Die Schulen unserer zwei Söhne hatten auf Homeschooling umgestellt und mein Mann und ich auf Homeoffice. Wobei zunächst fast alle meine Aufträge abgesagt waren. Der Schock und die Unsicherheit waren dementsprechend groß. Glücklicherweise kamen die ersten Aufträge überraschend bald zurück – einfach online! Zahlreiche Kurstage mussten völlig neu geplant und die Möglichkeiten der Technik entdeckt und getestet werden.

Bald begann ich mit Improvisation online zu experimentieren und die wöchentlichen Trainings mit der von mir geleiteten Improvisationstheatergruppe in den virtuellen Raum zu verlegen. Mit sehr wertvollen Vorerfahrungen fand im Mai 2020 dann der online Workshop mit Angewandter Improvisation für die Österreichische Forschungsförderungsgesellschaft (FFG) in Zusammenarbeit mit der Österreichischen Universität für Bodenkultur (BOKU) statt. (siehe Kapitel Praxisbeispiel) Die Zufriedenheit der Teilnehmenden war sehr hoch und damit absolut vergleichbar zu Präsenzworkshops. Nach und nach erschloss sich das große Potenzial dieses Mediums für meine Arbeit und meine Kunden.

Wie schon in meinem ersten Buch: Angewandte Improvisation für Coaches und Führungskräfte, das 2019 in zweiter Auflage beim Springer Verlag erschienen ist, geht es auch in diesem Booklet darum, wie die Prinzipien und Methoden aus dem Improvisationstheater zur Vermittlung sozialer Kompetenzen in Trainings genutzt und eingesetzt werden können. Wobei es hier um online Workshops ganz speziell geht. In die Einführungen zu den jeweiligen Themen sind wichtige Erkenntnisse aus diesem Buch (Schinko-Fischli 2019) eingeflossen.

Das Booklet beginnt mit einer allgemeinen Einführung in die Angewandte Improvisation und den Möglichkeiten, diese online einzusetzen. Das zweite Kapitel beschäftigt sich mit der Frage der online Vermittlung von Kreativität und Ko-Kreativität. Improvisationstheater ist im Kern echte Teamarbeit und bietet deshalb einen großen Fundus an Übungen, die den Zusammenhalt im Team fördern und stärken. Viele dieser „klassischen" Übungen sind auch online möglich. Ein weiteres Trendthema ist Storytelling im Unternehmen und kann online ebenfalls sehr gut vermittelt und praktiziert werden. Im vorletzten Kapitel zum Thema Status Online geht es um sprachliche und nicht-sprachliche Signale mit tendenziell großem Effekt auf die Gestaltung von sozialem Einfluss. Und somit darum, welchen sozialen Status wir online vermitteln, wie wir auftreten und nicht zuletzt, wie man lernen kann, das eigenen Statusverhalten an die jeweilige Situation anzupassen. Im letzten Kapitel zum Praxisbeispiel gehe ich genauer auf den online Workshop für die FFG und die BOKU ein.

Die meisten Kapitel enthalten am Schluss eine Übungssammlung für den online Einsatz. Von wem welche Übungen ursprünglich entwickelt wurden, lässt sich leider nicht rekonstruieren. Ich habe die vorgestellten Übungen in Workshops oder von verschiedenen Improgruppen kennen gelernt, in Fachbüchern entdeckt oder diese selbst erfunden und für den online Einsatz adaptiert. Viele Übungen gehen auf „Altmeister" wie z. B. Viola Spolin oder Keith Johnstone zurück.

Dieses Booklet richtet sich an Trainer/innen, Dozierende, Lehrende und Coaches, die neue Impulse und Abwechslung für ihre online Arbeit suchen und bietet mit der Angewandten Improvisation einen reichen Fundus an spannenden und interaktiven Methoden zur Vermittlung sozialer Kompetenzen.

Um der besseren Lesbarkeit willen, verwende ich im Text die weibliche Form und bei den Übungsbeschreibungen die männliche Form.

Bei der Entstehung dieses Booklets möchte ich mich sehr herzlich bei meinem Mann Claudius Fischli bedanken. Er hat mich dazu ermuntert, meine Erfahrungen mit online Improvisation einem breiteren Kreis von Interessierten zugänglich zu machen und mich mit seinen Anregungen, Fragen und Feedback beim Schreiben sehr wertvoll unterstützt!

Ein großes Danke auch an Evi Fill für die einfach unnachahmlichen und wunderbaren Illustrationen und ihr untrügliches Gespür für „die Idee hinter der Idee".

Letztlich und ganz besonders danken möchte ich Frau Brechtel-Wahl (Planung Essentials Auflage) vom Springer Verlag für die inspirierende und engagierte Begleitung dieses Booklet von der ersten Idee bis zur Realisierung!

Appenzell   Susanne Schinko-Fischli
im Sommer 2020

Inhaltsverzeichnis

Über die Autorin

Susanne Schinko-Fischli geboren 1972 in Wien, studierte Psychologie an der Universität Wien und an der „University of California, San Diego". Ergänzend dazu absolvierte sie eine Schauspielausbildung sowie eine berufsbegleitende Ausbildung zur Gruppendynamik-Trainerin. Sie stand viele Jahre selbst mit verschiedenen Improvisationstheatergruppen in Österreich und der Schweiz auf der Bühne. Seit 2004 ist Susanne Schinko-Fischli selbstständige Trainerin mit Schwerpunkt und Leidenschaft für die lebendigen Methoden und Dynamik der Angewandten Improvisation. Susanne Schinko-Fischli ist Dozentin an den Universitäten Liechtenstein und Graz, an der Zürcher Hochschule für Angewandte Wissenschaften, an Fachhochschulen und höheren Fachschulen. Als Trainerin in den Themen Soziale Kompetenzen, Teamarbeit, Kreativität und Innovation arbeitet sie online und offline für namhafte Organisationen in der Schweiz, Österreich, Deutschland und in der englischsprachigen Welt. Darüber hinaus ist sie Autorin des Buches „Angewandte Improvisation für Coaches und Führungskräfte", das 2019 in zweiter Auflage beim Springer Verlag erschienen ist.

Über die Illustratorin

Evi Fill (Filluna) Sie war eigentlich Grafikerin, aber immer wenn ihr die Bilder ausgingen, hat sie diese eben gezeichnet. Bis sie dann schließlich nur mehr gezeichnet und gemalt hat. Im Herzen ist sie allerdings noch immer Werberin, weshalb sie auch zu 95 % für österreichische, schweizer und deutsche Werbeagenturen arbeitet. Am liebsten Storyboards und Layout-Illustrationen. Seit 4 Jahren arbeitet sie frei und hat Spaß an den neuen Herausforderungen.

Angewandte Improvisation Online

1

1.1 Entstehung des Improvisationstheaters

In der Corona Krise 2020 ist sehr offensichtlich geworden, wie schnell Pläne über den Haufen geworfen werden können bzw. ob und wie man sich mit diesem Umstand zurechtfindet. Dabei hilft es zweifellos, wenn man improvisieren kann.

Improvisiert wird schon seit langer Zeit auch auf der Bühne. Vor Urzeiten einfach deshalb, weil man gar nicht in der Lage war, alles zu planen. So wurden magische Rituale und Zeremonien zunächst improvisiert. Die Fixierung von Texten und Abläufen begann erst in der Spätantike und verdrängte die Improvisation aus dem Theater. Mit der Commedia Dell'Arte erblühte die Improvisation im Theater wieder auf und wurde intensiv genutzt, um Kritik an den damaligen gesellschaftlichen Verhältnissen zu üben. Erst die Zensur drängte diese Form des Stegreiftheaters zurück.

Jacob Levy Moreno griff bei seiner Entwicklung des Psychodramas im 20. Jahrhundert auf das Stegreiftheater zurück und weitere neue Formen des Improvisationstheaters bildeten sich heraus. Keith Johnstone entwickelte den Theatersport, der sich rasch in Kanada, den USA und später Europa verbreitete. Heute ist Theatersport und Improvisationstheater fast auf der ganzen Welt verbreitet und erfreut sich großer Beliebtheit. Die Spielerinnen improvisieren dabei in kürzeren und längeren Formaten zu Vorschlägen aus dem Publikum.

© Der/die Herausgeber bzw. der/die Autor(en), exklusiv lizenziert durch Springer Fachmedien Wiesbaden GmbH, ein Teil von Springer Nature 2020
S. Schinko-Fischli, *Online Workshops mit Angewandter Improvisation*, essentials, https://doi.org/10.1007/978-3-658-31705-8_1

1.2   Einführung Angewandte Improvisation

Nicht nur Jacob Levy Moreno experimentierte im 20. Jahrhundert damit, wie man Improvisationstheater abseits der Bühne einsetzen kann. Augusto Boal etwa entwickelte entlang ähnlicher Grundprinzipien sein „Theater der Unterdrückten" oder Jonathan Fox das „Playbacktheater".

2020 wurde das „Applied Improvisation Network (AIN) von Paul Z. Jackson, Michael Rosenburg und Alain Rostain gegründet (https://appliedimprovisation. network), inklusive jährlicher Konferenzen in den USA und Europa mit Teilnehmenden aus der ganzen Welt.

Die Grundprinzipien dieses Netzwerkes lassen sich folgendermaßen zusammenfassen:

- Aufmerksamkeit und Kontakt
- nonverbale Kommunikation
- Ko-Kreation
- Spontanität und Intuition
- Fehlerkultur und Vertrauen

Die Methoden der Angewandten Improvisation werden mit steigender Beliebtheit dabei vor allem auch in der Weiterbildung eingesetzt. Wenn Agilität, der Umgang mit Unsicherheit und Komplexität im Arbeitsleben zunehmend erforderlich sind, dann bieten die Werkzeuge der Improvisation hervorragende Möglichkeiten, um diese Kompetenzen zu erweitern.

Ich arbeite seit 2002 mit den Methoden der Angewandten Improvisation in Workshops zu folgenden Themen:

- Auftrittskompetenz und Präsentationstechniken
- Kommunikation
- Kreativität und Innovation
- Status und Führungskompetenzen
- Storytelling
- Teambildung

Genaueres dazu habe ich in meinem Buch „Angewandte Improvisation für Coaches und Führungskräfte" (2019) beschrieben.

1.3   Grundlagen des Improvisierens

Folgende drei Grundlagen bilden für mich persönlich den Kern des Improvisierens (siehe auch Schinko-Fischli 2019):

Aufmerksamkeit im Hier und Jetzt
Wie auch in der Gruppendynamik oder der Gestalttherapie ist das „Hier-und-Jetzt-Prinzip" von entscheidender Bedeutung beim Improvisationstheater. Denn nur wenn ich ganz im Moment bin, höre ich den anderen wirklich zu. Nur dann nehme ich die eigenen und die Impulse der anderen wahr bzw. kann aus dem Moment heraus adäquat reagieren. Sobald ich anfange vorauszudenken und vorauszuplanen, verpasse ich leicht den richtigen Moment, den passenden Impuls. Die improvisierte Handlung wird auf der Bühne von allen Mitspielenden laufend mitgestaltet und ändert permanent ihre Richtung. Deshalb baut ko-kreatives Arbeiten auch weniger auf die Entwicklung eigener möglichst ausgefallener Ideen, als darauf, eigene Konzepte und Ideen loszulassen. Sobald ich an meinen eigenen Vorstellungen festhalte, verpasse ich den Moment und die gemeinsame Entwicklung neuer Möglichkeiten.

„Ja, und…" – Angebote annehmen
Die zweite grundlegende Regel beim Improvisieren ist es, Angebote anzunehmen: Ein „Ja" greift das Angebot auf, das „Und" entwickelt das Angebot weiter. So entsteht Ko-Kreativität! Das gilt übrigens auch für eigene Ideen und Impulse, um diese überhaupt in die Welt zu bringen. Es gibt viele Gründe, warum Angebote im Alltag so oft blockiert werden. Am ehesten geht es dabei wohl darum, sich nicht einzulassen bzw. sich von anderen nicht beeinflussen, verändern zu lassen – letztlich also Kontrolle. Engagement und Einlassen erfordern in der Tat ein gewisses Maß an Mut und Selbstbewusstsein, bedeuten gewissermaßen einen Sprung ins Unbekannte, wo die Zukunft erst auf dem Weg gemeinsam entwickelt wird.

Den Partner gut aussehen lassen („let your partner shine")
Die dritte Impro Grundregel lautet: Den Partner gut aussehen lassen. Sie ist ein wunderbares Hilfsmittel für jede gelungene Teamarbeit. Dazu möchte ich zwei Erlebnisse beschreiben:
   Das erste Beispiel bezieht sich auf ein Zoom Meeting mit Mitgliedern aus dem Netzwerk der Angewandte Improvisation. Die Teilnehmenden kommen aus der ganzen Welt und eine Teilnehmerin entschuldigte sich dafür, dass sie noch im

Pyjama ist. Der Host entgegnete daraufhin: *„Das macht überhaupt nichts – im Gegenteil es ist ein absolutes Muss hier im Pyjama teilzunehmen!"*
    Ein zweites Beispiel habe ich auf der Rückfahrt von einer AIN Konferenz auf Long Island erlebt. Mehrere Konferenzteilnehmerinnen saßen in einem Zugabteil. Eine Kollegin von mir bedankte sich überschwänglich bei einem Kollegen für seinen großartigen Vortrag während der Konferenz. Da stellte sich heraus, dass sie ihn verwechselt hatte. Was zunächst natürlich peinlich war. Doch gleich sprang eine andere Kollegin ein und sagte zu mir, dass sie sich bei mir für meinen wunderbaren Vortrag bedanken möchte, was natürlich nicht stimmte, weil auch sie nicht an einem meiner Workshops teilgenommen hatte. Ich spielte das Spiel weiter und bedankte mich bei der nächsten Kollegin für ihren genialen Vortrag und so ging es weiter. Aus der unangenehmen Situation heraus war ein lustiges Improspiel entstanden.

1.4   Online Unterrichten mit Angewandter Improvisation

Vor der Corona Krise hätte ich mir nicht im Traum vorstellen können, dass Improvisationstheater online möglich und vor allem lustig sein könnte. Doch im Frühling 2020 ging es darum „ja, und…" zu sagen oder kein Einkommen mehr zu haben. Was die Entscheidung definitiv erleichterte, mich auf dieses neue berufliche Abenteuer einzulassen. (Abb. 1.1).

Technik
Hilfreich in der Realisierung der ersten Ideen war dabei zunächst einmal das Videokonferenz Tool „Zoom" (www.zoom.us). Sehr wahrscheinlich wird es in Zukunft weitere Anbieter mit ähnlichen Möglichkeiten geben. Entscheidend bei Zoom war aber, dass man alle Teilnehmenden (jedenfalls bei einer überschaubaren Gruppengröße) gleichzeitig sehen kann, sowie die Möglichkeit, „Breakout Sessions" zu eröffnen. Dies ermöglichte es, mit Gruppen methodisch recht ähnlich wie in einem normalen Präsenzworkshop zu arbeiten.
    Eine wichtige Funktion ist die Möglichkeit, die eigene Kamera auszuschalten und die Einstellungen so verändern zu können, dass lediglich Teilnehmende mit eingeschalteter Kamera sichtbar sind. So entsteht eine bühnenähnliche Situation, in welcher zum Beispiel zwei oder mehrere Spieler improvisieren, miteinander eine Szene spielen oder ein Rollenspiel. Die Akteure sind dabei sichtbar, nicht jedoch die Zuschauerinnen, welche bei Bedarf hörbar bleiben.

Abb. 1.1 © Evi Fill

Interaktion
Grundsätzlich ist es mir wichtig, dass nicht die Technik im Vordergrund steht, sondern der aktive und engagierte Austausch. Deshalb war für mich auch stets klar, dass ich online nur mit kleinen Gruppen arbeiten möchte. Während ich in Präsenzworkshops mit Angewandter Improvisation mit bis zu 14 Teilnehmenden arbeite, lege ich die Obergrenze bei interaktiven online Workshops

bei 10, maximal 12, Teilnehmenden leicht tiefer fest. Etwas Ähnliches gilt für die technischen Möglichkeiten: Bei anderen online Seminaren arbeite ich gerne mit verschiedenen online Tools wie z. B. „Padlet" (einer digitale Pinnwand). Wenn es jedoch um Angewandte Improvisation geht, lasse ich das alles weg und lege den Fokus auf das gemeinsame lebendige Tun, den permanenten Austausch mit den Teilnehmenden bzw. der Teilnehmenden untereinander.

Auch die Zeiten waren anzupassen, da online Unterricht doch fordernd und recht anstrengend ist. Ideal sind Blöcke von maximal 3 h pro Tag. Sehr gut eignen sich auch tägliche Einheiten von 90 min. Darüber hinaus ist es wichtig, dass die Teilnehmenden allein im Raum sind und nicht gestört werden können. Dass sie also am besten im Homeoffice sind und die Kinder außer Haus oder anderweitig beschäftigt oder betreut sind.

Damit ich alle Teilnehmenden sehen kann, habe ich fast immer die Galerien-sicht eingeschaltet. Auch wenn ich selbst präsentiere, versuche ich möglichst alle Teilnehmenden im Blick zu behalten, um ihre Reaktionen sehen zu können.

Ich achte darauf, dass die Teilnehmenden ihre Mikrofone die meiste Zeit ein-geschaltet lassen. Dies, um sie lachen oder seufzen oder atmen zu hören. Ich brauche dieses Feedback ganz einfach, um ein Gefühl für die Dynamik und den Prozess zu bekommen, also als Steuerungsinformation, die echtes interaktives und spontanes Zusammenarbeiten erst wirklich möglich macht.

Ein großer Nachteil der online Workshops ist, dass die Teilnehmenden verhältnismäßig leicht ablenkbar sind und nebenbei zum Beispiel noch ihrer E-Mails beantworten. Das ist unter anderem ein Grund, warum viele Menschen nach einem online Tag so erschöpft sind: Multitasking ist und bleibt sehr anstrengend. Umso wichtiger ist, dass die Teilnehmenden aktiv sein können und sich miteinbezogen fühlen bzw. bis zu einem gewissen Grad mitverantwortlich für das gemeinsame Gelingen. Dies ist in kürzeren Zeiteinheiten deutlich ein-facher und führt dazu, dass die Teilnehmenden sich besser konzentrieren und ein-lassen können. Aktiviert werden kann z. B. durch:

- Fragen
- direkte Ansprache von Teilnehmenden
- Übungen und Rollenspiele
- Breakout-Sessions

Drehbuch

In bestimmten Trainerinnenkreisen wird die Unterrichtsplanung als Seminar-design bezeichnet. Diesen Begriff gefällt mir sehr gut, weil er auch den künst-lerischen Aspekt einer guten Workshop Planung beinhaltet. Im online Unterricht spricht man heute oft von einem Drehbuch. Und wie bei einem Drehbuch zu einem Film gibt es tatsächlich sehr viele Details festzuhalten.

Hängt die Qualität von Präsenzworkshops schon sehr von einem stimmigen inneren Ablauf ab, ist dieser Zusammenhang für online Anlässe noch viel enger und essenzieller. So ist es zum Beispiel nicht möglich, im Kreis zu stehen und der Reihe nach vorzugehen. Stattdessen muss im Vornherein klar festgelegt werden, welche Art von Reihung angewendet wird. Oft lasse ich die Teilnehmenden den Namen der nächsten Person sagen und lege so die Reihenfolge fest. Eine andere Möglichkeit ist es, die Namen der Teilnehmenden durch Nummern zu ergänzen und so eine klare Reihenfolge festzulegen. In Zukunft wird es hier hoffentlich auch technisch noch mehr Möglichkeiten geben. Praktisch wäre es, die Video-fenster mit den Teilnehmenden verschieben oder im Kreis anordnen zu können.

Wie in Präsenzworkshops erkläre ich auch online Übungen erst, nach-dem sich Freiwillige gemeldet haben. So müssen sich die Teilnehmenden auf das Unbekannte einlassen und haben gleichzeitig aber auch weniger Druck, besonders „gut" sein zu müssen.

Online experimentieren

Die Improvisationstheaterszene startete relativ bald mit den ersten online Experi-menten und machte sich dabei auch daran, die technischen Möglichkeiten auszu-reizen. Mit dem Smartphone am Zoom Workshop teilzunehmen zum Beispiel und damit Szenen in anderen Räumlichkeiten (der Küche, am Gang, etc.) zu ermög-lichen. Oder zwei gleiche Gegenstände vorzubereiten, die dann scheinbar von Videofenster zu Videofenster weitergereicht werden können, usw. Die Lust am Spielen, Ausprobieren und mit den technischen Möglichkeiten zu improvisieren war und ist stets groß.

Ein wichtiger Schritt für mich war es, diese Möglichkeiten für nicht professionelle Impro-Spielerinnen zu erschließen, also für die Angewandte Improvisation. Die wichtigen Fragen waren: Welche Übungen sind online mög-lich und welche nicht? Was machen Nicht-Improspielerinnen online gerne mit? Wovor schrecken sie wohl zurück? Es ging darum, die Grenzen dieser spezi-fischen online Arbeit auszuloten. Offen war auch, wie sich Übungen nicht nur technisch umsetzen, sondern online auch nachvollziehbar und in nützlicher Frist erklären lassen. Es kristallisierte sich heraus, dass überraschend viele Übungen online problemlos erklärbar und damit umsetzbar sind und andere wiederum nur schwer übertragbar sind oder sich online gar nicht eignen.

Bei meinem ersten Workshop mit Angewandter Improvisation über-raschte mich die sehr hohe Bereitschaft, sich online auf diese Übungen einzu-lassen. Vielleicht hat die räumliche Distanz sogar dazu beitragen, dass manche

Hemmschwellen gesunken sind. Wenn etwas jedoch nicht ganz so rund lief, eine Übung ins Stocken kam oder gar nicht wie geplant funktionierte, war es im Vergleich mit einem Präsenzworkshop schwieriger, dies aufzufangen. Umso wichtiger scheint mir daher, dass ich die Teilnehmenden gut im Blick habe und ihren verbalen und nonverbalen Reaktionen bzw. die Gesamtstimmung lesen kann.

Dieses Buch ist sicher nur ein Anfang. In den nächsten Jahren werden die technischen Möglichkeiten für online Workshops voraussichtlich rasant steigen. Es wird eine große Zahl Unterrichtender geben, die damit experimentieren und Neues ausprobieren werden. Vieles wird online noch möglich werden und vieles wird auch in Zukunft trotzdem besser im Präsenzunterricht stattfinden.

Vor- und Nachteile von Präsenz- versus Online Workshops
Online Workshops eignen sich sehr gut, um soziale Kompetenzen zu trainieren, um sie dann sowohl in der online Zusammenarbeit als auch am Arbeitsplatz anwenden zu können, z. B.:

- Angebote annehmen und im Moment sein
- die Teammitglieder gut aussehen lassen
- Führung übernehmen und sich führen lassen
- lustvolles Scheitern
- Aufbau und Einsatz von Geschichten
- Statusverhalten und Statusflexibilität

Die Erfahrungen der letzten Monate zeigt, dass mit Angewandter Improvisation auch online zwischenmenschliche Verbundenheit hergestellt und Vertrauen aufgebaut werden kann. Allerdings gibt es auch diesbezüglich gewisse Grenzen. Zum Beispiel erreichen Online Workshops wohl kaum die potenzielle Wirkung von Präsenzworkshops, wenn es um Themen wie folgende geht:

- Teamentwicklungen (außer in Notsituationen, z. B. bei einem Lockdown)
- Management von Konflikten und ethischen Fragen
- Innovation bzw. ko-kreatives Arbeiten mit dem Ziel, ein gemeinsames Produkt oder eine neue Lösung zu entwickeln
- Leitbild-, Visions- und Strategiearbeit

Workshops, die aus rein ökonomischen bzw. Spargründen online stattfinden mangelt es schnell an Tiefe und Glaubwürdigkeit. Online Workshops in diesem Zusammenhang sind erfolgversprechend, wenn notwendige Fähigkeiten zur

Zusammenarbeit trainiert werden sollen und ein Präsenzworkshop nicht möglich oder aus ökologischen Gründen nicht sinnvoll ist.

Fazit fürs soziale online Lernen

- kurze Einheiten
- kleine Gruppen
- die Technik nicht in den Vordergrund stellen
- interaktiv arbeiten und deshalb die Mikrofone eingeschaltet lassen
- genaue Planung und klare Abläufe
- Training von sozialen Kompetenzen online: ja, Teamentwicklungen online: nein (bzw. nur in Notsituationen)
- ausprobieren, experimentieren und Spaß dabei haben
- Und immer gilt: lustvoll scheitern

Kreativität Online

2

2.1 Einführung (Ko-)Kreativität

Die Fähigkeit etwas Neues zu erschaffen führt den Menschen in die Zukunft, die er durch Akte der Kreativität selbst erfindet. Dabei kann es um neue Produkte oder technische Innovationen gehen, besonders wichtig sind auch Lösungen für komplexe Probleme der heutigen Zeit. Die Ansprüche dieser Fragestellungen sind meist nicht mehr von Einzelnen erfassbar bzw. zu bewältigen, sondern erfordern ko-kreative Teamarbeit.

Aus gruppendynamischer Sicht gelten folgende Elemente als Voraussetzungen gelingender Ko-Kreativität:

a) Es existiert ein Problem, dessen Lösung den beteiligten Personen gemeinsam wichtig ist.
b) Eine geeignete Lösung ist noch nicht in Sicht bzw. es gibt keine Zentralperson (Expertin, Führungskraft, Projektleiter etc.), welche die Lösung bereits kennt und liefern könnte.
c) Die Beteiligten sind in der Problemlösung bzw. Lösungsfindung voneinander abhängig und sind sich dessen auch bewusst.

In der Kunst wird schon sehr lange ko-kreativ gearbeitet, wie zum Beispiel im Jazz und eben auch beim Improvisationstheater. Drei Grundprinzipien sind dabei von besonderer Bedeutung:

- Das „Yes, and…" Prinzip
- Ideenfindung und Bewertung trennen
- Lustvolles Scheitern

Das „Yes, and…" Prinzip

Wie schon beschrieben, gehört das „Yes, and…" Prinzip zu den grundlegenden Regeln des Improvisierens. Ein Thema (beim Jazz), ein verbales oder ein nonverbales Angebot (beim Improtheater) wird gehört, aufgegriffen und weiterentwickelt. Dabei spielt das „und" eine ganz zentrale Rolle: Es impliziert, dass Mitverantwortung übernommen wird dafür, dass gemeinsam eine neue Idee, oder ein Produkt entwickelt werden kann, dass also ko-kreativ gearbeitet wird.

Ideenfindung und Bewertung trennen

In ko-kreativen Prozessen ist es nicht nur hilfreich, sondern notwendig, die Ideenfindung von der Bewertung zu trennen. Die eigentliche kreative Phase, die „Reise durch unbekanntes Gelände", lebt davon, dass Angebote gemacht, diese angenommen und auf diesen weiter aufgebaut wird. In dieser Phase sind freies Denken, Assoziation, analoges Handeln etc. gefordert und Bewertungen – auch positive – fehl am Platz.

Oft ist es schon schwierig genug, eigene Ideen anzunehmen und laut auszusprechen. Vor allem dann, wenn sie ungewöhnlich, schräg oder abwegig sind oder zumindest so scheinen. Hier hilft es, sich nicht auf die Erfindung eigener „genialer" Ideen zu konzentrieren, sondern sich darin zu üben, eigene Ideen loszulassen und auf den Ideen der anderen aufzubauen. So kann leichter etwas gemeinsames Neues entstehen. Damit Ideen nicht gänzlich „abheben" und unrealistisch werden, ist es möglich und sinnvoll, hier einen Rahmen zu setzen, zum Beispiel einen Zeit- oder Kostenrahmen. Erst anschließend kommt Phase der Analyse und Selektion und hier muss selbstverständlich auch gegen Vorschläge entschieden und notwendigerweise „nein" gesagt werden.

Lustvolles Scheitern

In vielen Bereichen ist Nullfehlertoleranz zentral, zum Beispiel im Flugverkehr, in Spitälern, in der Produktion von chemischen Stoffen etc. Bei kreativen Prozessen aber muss es möglich sein, „Fehler" machen zu können, ohne dauernd ernste Konsequenzen vor Augen zu haben. Wenn Neues entwickelt wird, ist der Ausgang zunächst immer ungewiss.

Das Improvisationstheater erhebt Fehler sogar zu einer Tugend und propagiert „Lustvolles Scheitern" frei nach dem Motto *„Mistakes are the portals of discovery"* („Fehler sind die Türen zu einer Entdeckung"; James Joyce). Diese spezifische Form der bewussten Unperfektheit gelingt beim Improvisieren dann, und nur dann, wenn man Fehler willkommen heißt. Diese der eigenen

Lerngeschichte und gesellschaftlichen Norm entgegenlaufende Fähigkeit birgt großes Potenzial!

Nicht wenige Erfindungen sind aus Fehlern entstanden sein. So zum Beispiel die Post-its, an dessen Ursprung die Suche nach einem Superklebstoff stand. Die entsprechenden Versuche gingen gründlich daneben, weil sich der Klebstoff viel zu leicht wieder ablösen liess. Jahre später benutzte ein Mann namens Art Fry diesen Klebstoff, damit ihm im Kirchenchor die Lesezeichen nicht mehr aus den Liederbüchern fielen: die Post-it waren erfunden!

Auch Impfen entstand genau genommen durch einen Fehler. Louis-Pasteur injizierte seiner Hühner bestimmte Bakterien, was die meisten Hühner nicht überlebten. Während seiner Ferien unterbrach er die Versuche, liess eine Bakterienprobe liegen und verabreichte nach seiner Rückkehr diese Bakterien. Alle Hühner überlebten diese Prozedur, weil es sich um Bakterien gehandelt hatte, die von der Hitze geschädigt und damit abgeschwächt waren. Als er diesen Hühnern später wieder frische Bakterien spritze, überlebten die Tiere, die im Gegensatz zu anderen Hühnern die abgeschwächte Dosis nicht erhalten hatte.

In meinen Workshops passieren auch mir immer wieder Fehler. Ich versuche nicht nur, diese nicht zu überspielen und zu verheimlichen, sondern habe die feste Gewissheit, dass die Teilnehmenden so auf jeden Fall etwas lernen von mir. Und sei es auch nur, es nicht so zu machen wie ich. Was gar nicht so wenig wäre. Vor kurzem etwa bin ich in einem Rollenspiel ziemlich gescheitert: ich übernahm die Rolle eine Teilnehmerin und versuchte, kompetent mit einer schwierigen Gesprächssituation umzugehen. An einem bestimmten Punkt wusste auch ich nicht mehr weiter und habe aufgegeben. Im Rahmen der Reflexion sagte die betreffende Teilnehmerin etwas sehr Interessantes. Nämlich, dass sie sehr froh sei über dieses „gescheiterte" Rollenspiel, es habe ihr gezeigt, dass es sich um eine wirklich schwierige Situation handle und sie sich bisher nicht einfach nur „blöd" angestellt habe. Wie in diesem Beispiel versuche ich, meine Fehler immer anzusprechen und so die Basis für ein echtes gemeinsames Lernen zu stärken.

In online Trainings ist mit Schwierigkeiten zu rechnen. Die Technik funktioniert nicht, eine Teilnehmerin ist schon wieder aus dem online Kursraum gefallen, eine andere kommt erst gar nicht hinein, die Internetverbindung der Kursleiterin ist schlecht, der Ton ebenfalls, hinten läuft ein Kind durchs Bild, usw. Wie immer geht es auch hier darum, Ruhe zu bewahren, die Probleme möglichst nacheinander zu lösen und das beste aus der Situation zu machen, also „ja, und…" zum kreativen Chaos zu sagen. (Abb. 2.1).

Abb. 2.1 © Evi Fill

2.2 Übungen Kreativität Online

Kreativität und ko-kreative Prozesse lassen sich online sehr gut trainieren.

In diesem Kapitel werde ich einigen Übungen beschreiben, die sich online mit kleinen Gruppen sehr gut bewährt haben.

Das „Yes, and…" Prinzip – Angebote annehmen
Zunächst geht es um das Grundverständnis von „Angebote annehmen" und das
Erleben des potenziellen Effekts dieser Offenheit am eigenen Leib.

▶ **Übung**
Online „Nein – ja, aber … – ja, und …"
Diese Übung wird in Paaren in drei Runden gemacht. Zunächst zeige
ich die Aufgabe der ersten Runde mit einem Partner vor, dann schicke
ich die Paare für ein paar Minuten in Breakout Sessions. Anschließend
hole ich sie wieder zurück und zeige die Aufgabe der zweiten Runde
mit einem anderen Partner vor. In jeder Runde wird ein Event
geplant, dieser Event wird jeweils von jemandem aus der Gruppe vor-
geschlagen.

Erste Runde:
Frage an die Gruppe: *„Welches Event möchtet ihr planen?"*, Vorschlag
Teilnehmer: *„Weihnachtsfest einer Firma."*
   Ein Spieler macht dem anderen dann ein Angebot zur Planung
dieses Events, und dieser muss mit „Nein" darauf antworten und dann
selbst ein Angebot machen:
   Spieler A: *„Lass uns das Weihnachtsfest auf einem Schiff machen."*
   Spielerin B: *„Nein, das ist viel zu teuer, wir feiern am besten hier in der
Firma."*
   Spieler A: *„Nein, das ist viel zu langweilig, lass uns eine coole Band ein-
laden."*
   Usw.

Zweite Runde:
Ein Teilnehmer schlägt als Event zum Beispiel ein *„Geburtstagsfest"* vor.
   Dieses Mal antworten die Spieler immer mit „Ja, aber…" und
machen dann selbst ein Angebot:
   Spieler A: *„Lass uns nur meine Familie einladen."*
   Spielerin B: *„Ja, aber dann gibt es wieder Streit. Lass uns das Fest in
meinem Garten machen."*
   Spieler A: *„Ja, aber dann ist der ganze Garten ruiniert. Wir feiern doch
in einem Restaurant."*
   Usw.

Dritte Runde:
Ein Spieler macht ein Angebot, der andere Spieler muss darauf mit einem „Ja, und …" reagieren, und daraus ergibt sich dann auch das Folgeangebot. Dieses Mal wird z. B. eine „*Scheidung*" geplant:

Spieler A: *„Lass uns unsere Scheidung ganz groß feiern."*
Spielerin B: *„Ja, und wir laden alle Menschen ein, die uns während unserer Ehe begleitet haben."*
Spieler A: *„Ja, und wir trinken ganz viel Alkohol."*
Spielerin B: *„Ja, und wir verzeihen einander alle unsere Affären."*
Spieler A: *„Ja, und am Schluss liegen wir uns in den Armen."*
Spielerin B: *„Ja, und dann machen wir uns einen Heiratsantrag"*
Usw.

Technik:

- Breakout Sessions: Partnerarbeit in drei Runden

Zur Auswertung stelle ich folgende Fragen an die Paare:

- Wie haben sich diese drei Runden angefühlt, was hat sich jeweils Unterschiedliches entwickelt?
- Was davon (nein, ja aber oder ja und) hören Sie am öftesten in Ihrem Leben?
- Wann können Sie das „ja, und…" in Ihrem Arbeitsleben brauchen? (z. B.: Teamarbeit, Ko-Kreativität, Zusammenarbeit, Motivation der Mitarbeitenden, etc.)

Im Anschluss daran eignen sich folgende Übungen, um besser erkennen zu können, wann Angebote blockiert oder angenommen werden:

▶ **Übung**
Online „Wer kann besser Angebote blockieren?"
Zunächst braucht es zwei Freiwillige, alle anderen schalten ihre Kamera aus, sodass nur die zwei Mitspieler sichtbar sind. Die beiden Spieler fangen an, eine ganz alltägliche Szene miteinander zu improvisieren (z. B. zwei Kollegen im Online Meeting). Ihre Aufgabe ist es, alle Angebote zu blockieren. Wenn ein Spieler ein Angebot doch annimmt, wird er ausgetauscht. Einer der Zuschauer schaltet dann seine Kamera ein und springt für denjenigen Spieler ein, der das Angebot blockiert hat und die Szene wird dort weitergespielt, wo sie unterbrochen wurde -, solange bis das nächste Angebot versehentlich angenommen wird.

Blockieren zu dürfen, macht den Teilnehmern meist sehr viel Spaß. Gleichzeitig erhöht es die Aufmerksamkeit dafür, was eine Blockade überhaupt ist und warum sie Geschichten in eine Sackgasse führt.

Online „Wer kann besser Angebote annehmen?"
Diese Übung läuft genauso ab, nur dass jetzt alle Angebote angenommen werden müssen und man damit Angebote anzunehmen sehr gut trainieren kann.
Technik:

- Alle Zuseher schalten ihre Kameras aus, sodass nur die Mitspieler sichtbar sind.

Assoziationen
Kreativität entsteht sehr wesentlich aus dem Unbewussten. Deshalb ist ein freier Zugang zu dieser unerschöpflichen Quelle so hilfreich. Je mehr man sich selbst zensuriert *(„ich bin nicht lustig", ich habe keine Ideen", „ich bin peinlich unoriginell" etc.)*, desto weniger sprudeln die Ideen aus einem heraus. Gute Improspielerinnen können deshalb so faszinieren, weil sie immer eine Antwort, immer gleich eine neue Idee haben.

Beim Assoziieren werden bewusste und unbewusste Gedanken miteinander verknüpft und ermöglichen so einen müheloseren Gedankenfluss. Üben kann man das zum Beispiel folgendermaßen:

▶ **Übung**
Online „Assoziationen"
Ein Spieler beginnt, indem er ein Wort und den Namen eines anderen Spielers sagt. Dieser soll die erste Assoziation auf das Wort sagen, die ihm in den Sinn kommt und dann den Namen des Teilnehmenden, der weiter machen soll.
   Eine Variante dazu ist, dass ein Spieler in einer Minute möglichst viele Assoziationen zu einem Wort sagen muss. Den Schwierigkeitsgrad erhöhen kann man, indem es sich nur um Substantive oder nur Verben handeln darf.

Auch bei der nächsten Übung es darum, möglichst rasch assoziativ zu denken:

▶ **Übung**
Online „Genre Objekt"
Alle Teilnehmenden nehmen einen Stift in die Hand. Dann fragt man nach einem sogenannten Genre. Ein Freiwilliger beginnt, er hält den Stift in die Kamera und sagt, was dieser Stift jetzt in diesem Genre ist und nennt einen anderen Namen, dieser Teilnehmender macht dann weiter, bis alle einmal dran waren, dann legt man ein neues Genre fest.
Das erste Genre könnte zum Beispiel eine Romantikfilm sein:
Spieler A hält den Stift hoch und sagt: *„Das ist die englische Küstenlandschaft und weiter macht Andreas."*
Spieler B hält den Stift hoch und sagt: *„Das ist der adelige Junggeselle und weiter macht Martina."*
Spieler C hält den Stift hoch und sagt: *„Das ist das Feuer im Kamin und weiter macht…"*

Bildliches Denken
Auch gestärktes bildliche Denken erhöht die Kreativität. Zum Beispiel anhand folgender Übung:

▶ **Übung**
Online „Ich bin ein Baum"
Ein Spieler fängt an und sagt z. B. *„Ich bin eine Drohne"* und versucht diese mit seinen Händen darzustellen. Wenn die Spieler auch auf diesem kleinen Raum versuchen ihre Figur/ihren Gegenstand körperlich darzustellen, wird es erstens lustiger und zweitens ist deutlicher zu sehen, wer mitspielt und wer gerade nur zusieht. Ein zweiter Spieler macht dann weiter und sagt z. B. *„Ich bin ein Youtuber"* und versucht es wieder körperlich auf kleinem Raum darzustellen. Dann kommt noch ein dritter Spieler hinzu und sagt z. B. *„Ich bin die vielen Klicks"*. Alle Spieler lassen ihre Kameras eingeschaltet, damit ein schneller Wechsel möglich ist.
Dann nimmt der erste Spieler jemanden mit und sagt z. B. *„Ich nehme den Youtuber mit"* oder *„Ich nehme die vielen Klicks mit"*, beide Spieler gehen dann wieder in eine neutrale Position. Der übrig gebliebene Spieler wiederholt jetzt, was er ist, also z. B. *„Ich bin ein Youtuber"*. Jetzt machen nacheinander wieder zwei Spieler mit und es entsteht ein neues Bild usw.

Teamarbeit Online 3

3.1 Einführung Teamarbeit

Nicht alles, was im Alltag als Teamarbeit bezeichnet wird, ist schon echte Teamarbeit. Ein kleiner, aber feiner Unterschied besteht nämlich zwischen einer Arbeitsgruppe und der Arbeit im Teammodus. Solange die Vorgesetzte Entscheidungen autonom trifft, handelt es sich um keine echte Teamarbeit, sondern um Arbeitsgruppen. Sie werden zentral gesteuert und kooperieren lediglich „seriell". Das spricht keineswegs gegen diese Arbeitsform. Denn ein großer Vorteil ist, dass zu fällende Entscheidungen bei Bedarf rasch getroffen werden können und existierende Lösungen oder ein bewährter Weg ohne langes Hin und Her verfolgt werden können. Wenn es schnell gehen muss, wie etwa in Notfällen oder anderen Krisensituationen, sind Arbeitsgruppen im Vorteil. Unter anderem natürlich durch die hierarchische Struktur, die bei Bedarf auch Entscheidungen ohne ausgeprägte Diskussionsprozesse legitimiert.

Handelt es sich um komplexe Probleme, geht es um Ko-Kreativität und muss die Zukunft erst „erfunden" werden, dann ist echte Teamarbeit gefragt. Echte Teamarbeit strapaziert die Nerven mehr und dauert aller Erfahrung nach länger. Dafür winken als Lohn Ergebnisse höherer Qualität und bessere Akzeptanz unter den Beteiligten und Betroffenen. Außerdem fließt das Potenzial der Handelnden ein, das oft erst nach und nach sich im Prozess der zu bewältigenden Herausforderungen entfaltet. Entscheidungen werden gemeinsam getroffen und die Teammitglieder inspirieren, widersprechen und ermutigen einander. Hier lebt Diversität! Wenn Teammitglieder unterschiedliche Hintergründe haben, werden komplexe Zusammenhänge aus verschiedenen Perspektiven – breiter, tiefer, vielfältiger etc., kurz, angemessener – betrachtet. Gegenseitige Inspiration und Befruchtung inklusive.

S. Schinko-Fischli, *Online Workshops mit Angewandter Improvisation*, essentials, https://doi.org/10.1007/978-3-658-31705-8_3

Zusammenarbeit im beruflichen Alltag lebt ganz stark von einer gelingenden Kombination beider Arbeitsformen und ihrer unterschiedlichen Potenziale und Synergien. In den später beschriebenen Übungen wird es darum gehen, echte Teamarbeit zu inspirieren und zu unterstützen. (siehe auch Schinko-Fischli 2019) (Abb. 3.1).

Psychologische Sicherheit
Google hat sich vor einiger Zeit auf die Suche nach Erfolgskriterien für Teams gemacht (Duhigg 2016) und ist zum Ergebnis gekommen, dass es weniger wichtig ist, dass die besten Köpfe in einem Team zusammensitzen. Als wirklich entscheidend identifiziert wurden folgende Faktoren:

- Die Teammitglieder müssen sich sicher und wohl im Team fühlen und offen reden können.
- Das Vertrauen zwischen den Teammitgliedern muss spürbar sein.
- Die Redezeit zwischen den Teammitgliedern ist einigermaßen gleichmäßig verteilt.

Vertieft und verdichtet werden diese Punkte im dem von Amy Edmondson (2013) geprägten Begriff „Psychological safety", der folgende Eckpunkte definiert:

- Jeder kann offen seine Meinung sagen
- Fragen dürfen gestellt werden
- Fehler werden angesprochen, aber nicht bestraft
- Zweifel haben zum richtigen Zeitpunkt Platz
- Abweichende Meinungen, Unterschiede, Probleme und Konflikte werden besprochen

„Psychological Safety" ist die Basis für echte Teamarbeit und ko-kreatives Arbeiten im Team. Angewandte Improvisation ist hervorragend dazu geeignet, „psychological saftey" in Teams aufzubauen.

Beim Improvisationstheater werden im „Hier und Jetzt" gemeinsam Geschichten erfunden, wobei kein Skript vorliegt, keine Regisseurin die Leitung übernimmt und somit auch keine klare Hierarchie besteht. Genau darum, dieser Notwendigkeit zur Selbstorganisation entspringt echte Zusammenarbeit der Mitspielerinnen. Diese ko-kreative Zusammenarbeit erfordert ein gewisses Training, keine Frage. Aber zum Glück stellt das Improtheater so viele spannende Übungen dazu bereit.

Abb. 3.1   © Evi Fill

Das „Yes, and …-Prinzip" im Team
Wie schon beschrieben kann Ko-Kreativität nur dann entstehen, wenn Vorschläge angenommen werden und gemeinsam darauf aufgebaut wird. Auch Vertrauen kann nur entstehen, wenn man die Sicherheit spürt und erlebt, dass die eigenen Meinungen und Ideen gehört, aufgegriffen und ernst genommen werden.

Führung übernehmen und sich führen lassen
Bei echter Teamarbeit müssen alle Teammitglieder Führung übernehmen können, dabei aber auch Führung abgeben und sich führen lassen können. Wichtig ist, dass nicht das Ego der Beteiligten im Mittelpunkt steht, sondern das gemeinsame Vorhaben.

Angewandte Improvisation in der Teamarbeit
Mit den Methoden der Angewandten Improvisation lassen sich folgende Voraussetzungen für echte Teamarbeit trainieren:

- Angebote zu erkennen und anzunehmen
- Neues auszuprobieren und sich zu exponieren
- Vertrauen aufzubauen, indem man neue Seiten voneinander kennenlernt
- Führung zu übernehmen und sich führen zu lassen
- Fehler zu machen und darüber zu lachen

3.2   Übungen Teamarbeit Online

Wichtige Voraussetzungen für echte Teamarbeit lassen sich online sehr gut trainieren. Für bestehenden Teams finde ich ergänzende Präsenzworkshops wichtig und notwendig. Sollten solche nicht möglich sein, ist es auch möglich, ein bereits bestehendes Team online enger zusammenzuschweißen.

Kennenlernen
Ein überraschender und stilbildender Start gelingt oft mit folgender Vorstellungsübung: Ich lasse die Teilnehmenden sich gar nicht erst mit ihren tatsächlichen Ausbildungen, Berufen und Erfolgen vorstellen. Sondern rege an, dass sie sich und die anderen von Beginn weg wechselseitig in eine andere Welt „entführen". Dazu eignet sich folgende Übung perfekt, egal ob die Teilnehmenden sich schon gut kennen oder noch gar nicht.

▶ **Übung**

Online „Was ich auch noch gerne geworden wäre?"

Alle Spieler überlegen sich kurz, was sie auch noch gerne in ihrem Leben gemacht hätten. Dabei stehen alle Möglichkeiten offen: Man kann z. B. die erste Frau auf dem Mars sein, ein Biobauer mit fünf Kindern etc. Der Spieler stellt sich dann vor und erzählt aus seinem fiktiven beruflichen und privaten Leben. Das kann, ein alter Berufswunsch oder -traum sein, ein bestimmtes Talent, ein verschüttetes Interesse etc., welche in diesem Rahmen auf die Bühne kommen dürfen.

Technik:

- Alle Teilnehmenden schalten auf Sprecheransicht.
- Der Spieler kann, wenn er möchte, seine Kameraeinstellungen so ändern, dass er sich selbst nicht sieht.

Eine weitere erfahrungsgemäss sehr anregende und verbindende Übung zum Kennenlernen ist folgende:

▶ **Übung**

Online „Gemeinsamkeiten finden"

Ein Spieler beginnt und sagt etwas über sich, z. B.: *„Ich fahre gerne mit dem Rad"*, alle anderen Mitspieler, die auch gerne mit dem Rad fahren, heben beide Arme hoch. Wenn sie nur teilweise zustimmen, heben sie einen Arm, wer die Gemeinsamkeit nicht teilt, lässt die Arme unten. Auf diese Art entdeckte Gemeinsamkeiten wecken oft gesteigertes Interesse aneinander und regen das gemeinsame Lernen an.

Man kann diese Übung auch nur mit beruflichen Aussagen machen, z. B. *„Ich bin gerne beim Kunden"* oder *„Ich fühle mich oft gestresst."* oder *„Ich bekomme zu viele E-Mails.",* usw.

Das „Yes, and…" Prinzip im Team

Das "Yes, and…" Prinzip in der Teamarbeit lässt sich mit folgenden Übungen trainieren:

▶ **Übung**

Online „Geschenke"

Diese Übung zeige ich zuerst mit einem Teilnehmer vor und schicke dann alle Teilnehmenden zu zweit in Breakout Sessions, um sie die

Übung selbst ausprobieren zu lassen. Der erste Spieler tut pantomimisch so, als nähme er einen Gegenstand in die Hand und versucht mit seinen Händen die Größe und das ungefähre Gewicht zu zeigen. Dann übergibt er diesen vorgestellten Gegenstand gleichsam an seinen Mitspieler und sagt dazu: *„Ich habe dir ein Geschenk mitgebracht!"*. Dieser versucht den Gegenstand in Größe und Gewicht pantomimisch zu übernehmen, dann packt er das Geschenk aus und sagt: *„Oh danke, ein...! (z. B. ein Elefant, ein Ehering, etc.)"*. *Dabei soll das Geschenk wirklich angenommen und nicht abgewertet werden.*

Technik:

- Breakout Sessions: Partnerarbeit

Führung übernehmen und sich führen lassen

Gemeinsame Führung ist die Basis echter Teamarbeit und jeder gemeinsam improvisierten Geschichte auf der Bühne. Viele Übungen erfordern, Führung zu übernehmen und Führung wieder abzugeben:

▶ **Übung**
Online „Ein-Wort-Geschichten"

Der Spieler mit der Nummer 1 beginnt eine gemeinsame Geschichte, indem er das erste Wort sagt. Die Nummer 2 sagt das zweite Wort der Geschichte usw. Mit der Verwendung von Substantiven bzw. Verben wird die Handlung der Geschichte weiterentwickelt. Adjektive schmücken die Geschichte aus und alle anderen Wortarten halten die Geschichte zusammen. An bestimmten Stellen der Geschichte muss man Führung übernehmen und z. B. mit einem Substantiv die weitere Entwicklung der Geschichte festlegen. Nicht wenige Menschen erleben hier Hemmungen, signifikanten Einfluss und damit viel Verantwortung für die Geschichte zu übernehmen. An anderen Stellen ist aber kein Substantiv erforderlich und man muss entweder nur ausschmücken oder verbinden. Hier haben wiederum andere Teilnehmende eher ihre Mühe, weil sie sich nicht gerne führen lassen.

Technik:

- Jeder Spieler bekommt zusätzlich zu seinem Namen eine Nummer, so wird eine Reihenfolge festgelegt.

Und hier noch eine weitere Übung dazu:

▶ **Übung**

Online „Pressekonferenz"

Vier Spieler lassen ihre Kameras eingeschaltet, alle anderen schalten ihre Kameras aus und werden zu Journalisten auf einer online Pressekonferenz. Die sichtbaren Mitspieler sind eine erfolgreiche Gruppe, aber sie wissen nicht, womit sie erfolgreich sind bzw. was sie verbindet. Die Journalisten aus dem Publikum stellen ihnen möglichst offene Fragen: z. B. *„Was war ihr letzter Erfolg?", „Was sind ihre nächsten Projekte?", „Was ist das Geheimnis ihres Erfolges?"* und nennen dabei auch immer gleich den Namen der Person, die sie ansprechen wollen, damit nicht durcheinandergeredet wird.

Die Spieler beantworten diese Fragen und definieren so Stück für Stück, was für eine Gruppe sie sind. Es ist alles möglich: eine Rockband, die Entwickler des ersten Corona Impfstoffs, etc. Wichtig ist, dass nicht ein Spieler alles allein vorgibt, sondern dass es sich Stück für Stück gemeinsam entwickelt. Dabei wird Präsenz, Aufmerksamkeit und Zuhören geübt, um auf den Angeboten der anderen kreativ aufbauen zu können.

Technik:

- Alle Zuschauer schalten ihre Kameras aus, sodass nur die vier Mitspieler sichtbar sind.
- Die Mitspieler können, wenn sie möchten, ihre Kameraeinstellungen so ändern, dass sie sich selbst nicht sehen können.

3.3   Improvierte Rollenspiele Online

Diese Art von improvisierten Rollenspielen nutze ich sehr oft in meinem Präsenzunterricht, aber auch online lässt sich sehr gut mit diesen arbeiten. Hier zwei Beispiele aus meinen online Kursen:

Kritisches Feedback geben

Alle Spielerinnen schalten ihre Kameras ab, bis auf zwei Freiwillige. Eine von beiden muss der anderen ein kritisches Feedback geben. Dabei kann es sich um das Feedback einer Vorgesetzten an eine Mitarbeiterin oder um Feedback zwischen zwei Kolleginnen handeln.

Das Publikum entscheidet, was die Mitarbeiterin „falsch" gemacht oder womit die eine Mitarbeiterin ihre Kollegin irritiert hat. (z. B.: Unpünktlichkeit). Anschliessend spielen die zwei Spielerinnen diese Situation. Dabei geht es nicht darum, alles „richtig" zu machen, sondern darum, einfach auszuprobieren. Um die Schwierigkeit zu erhöhen, kann man in einer zweiten Runde der Feedbackempfängerin auch noch die Aufgabe geben, das Feedback nicht einfach anzunehmen, sondern sich zu rechtfertigen und kein Verständnis zu zeigen.

Im Anschluss an das Rollenspiel bekommt die Feedbackgeberin ein Feedback – Was ist gut gelaufen? Worauf könnte sie noch schauen? Was könnte sie sonst noch ausprobieren? Wenn konkrete Vorschläge kommen, bitte ich diese Person, es doch gleich selbst auszuprobieren und in die Rolle der Feedback-geberin zu springen. Je nach Gruppe schlüpfe ich auch selbst diese Rolle. Dazu gibt es dann wieder ein Feedback. Es ist schön, wenn verschiedene Personen in diese Rolle springen und damit unterschiedliche Strategien sichtbar werden. Meist gibt es nicht den einen richtigen Weg, sondern verschiedene erfolgver-sprechende Ansätze.

Umgang mit schwierigen Gesprächssituationen
In Breakout Sessions mit jeweils vier Teilnehmenden werden möglichst aktuelle, schwierige Gesprächssituationen ausgetauscht. Dann einigt sich jede Gruppe auf eine Situation und spielt diese den anderen vor. Dazu muss zuvor geklärt werden, wer, welche Rolle übernimmt, wobei die Fallbringerin immer sich selbst spielen soll. Es geht nicht darum, dass die Fallbringerin die Situation besonders professionell meistert, am besten verhält sie sich so, wie es in der Echtsituation wirklich gelaufen ist.

Nach der Szene gibt es wieder Feedback von den Gesprächspartnerinnen, vom Publikum und von mir. Besonderen Fokus lege ich dabei auf die Themen „Angebote annehmen" und „Statusverhalten" (siehe Kapitel Status). Auch hier gehe ich wieder so vor, dass Teilnehmende, die andere Verhaltensweisen vor-schlagen, am besten sofort selbst in diese Rolle gehen und es ausprobieren. Wiederum erhalten sie Feedback für die so entstehenden verschiedenen Lösungs-strategien und bei Bedarf schlüpfe ich ebenfalls wieder selbst in diese Rolle.

Storytelling Online 4

4.1 Einführung Storytelling

Storytelling vermittelt explizites und implizites Wissen in Form von Geschichten und wird seit geraumer Zeit in Unternehmen, in Trainings, in der Werbung oder auch in der Psychotherapie eingesetzt. Über Geschichten vermittelte Informationen erreichen die Zuhörenden im Vergleich zu Fakten und Zahlen viel unmittelbarer.

Storytelling zur Wissensvermittlung hat sich in Bildungszusammenhängen als sehr hilfreich erwiesen. Die Gestalttheorie erklärt das damit, dass Geschichten ein „Ganzes" bieten, in dem sich die Beteiligten in ihrem eigenen Erleben leichter wiederfinden, in welchem sie sich orientieren und mit dem sie sich identifizieren können. Darüber hinaus bleiben spannende Geschichten länger im Gedächtnis hängen und werden deshalb öfters weitererzählt.

Ich setze Storytelling in meinen Seminaren folgendermaßen ein:

- Ich erzähle selbst Geschichten, um Inhalte spannend und anschaulich zu vermitteln.
- Ich lasse die Teilnehmenden Geschichten aus ihrem Leben erzählen, damit sie das Gelernte mit dem Erlebten verknüpfen können und sich wechselseitig besser kennenlernen.
- In Seminaren zum Thema Präsentationstechniken unterrichte ich, wie man Geschichten aufbaut und gebe den Teilnehmenden Feedback zu ihren Geschichten.
- In Teamentwicklungen lasse ich die Teammitglieder miteinander Geschichten entwickeln und sehe so, wo allenfalls Blockaden in der Zusammenarbeit bestehen.

© Der/die Herausgeber bzw. der/die Autor(en), exklusiv lizenziert durch Springer Fachmedien Wiesbaden GmbH, ein Teil von Springer Nature 2020
S. Schinko-Fischli, *Online Workshops mit Angewandter Improvisation*, essentials, https://doi.org/10.1007/978-3-658-31705-8_4

Im Improvisationstheater werden Geschichten im Moment gemeinsam erfunden. Dazu ist es notwendig, dass die Spielerinnen wissen, wie Geschichten aufgebaut sind, dass echte Teamarbeit gefordert ist und dass sie weniger ihre eigenen Egos, sondern die Geschichte in den Mittelpunkt stellen.

Geschichten entführen einen in andere Welten und sind so ein wunderbarer Schlüssel für Kreativität. (siehe auch Schinko-Fischli 2019) (Abb. 4.1).

Abb. 4.1 © Evi Fill

Aufbau von Geschichten

Der Spannungsbogen einer Geschichte entsteht nach Cossart (2015) auf folgende Weise:

Eine **handelnde Hauptfigur** (die Heldin in der Heldenreise).

Diese Figur braucht **eine Richtung, ein Ziel.**

Schwierigkeiten oder Konflikte, die auftauchen und die Hauptfigur zunächst daran hindern, ihr Ziel zu erreichen.

Die Spannung in einer Geschichte entsteht dadurch, dass die Hauptfigur ihr Ziel nicht so einfach erreicht. Dabei können sich ihr innere Widerstände in den Weg stellen wie zum Beispiel *„Ich will etwas erreichen, aber ich bringe den nötigen Biss dafür nicht auf"*. Oder es kommt zu Konflikten mit nahestehenden Figuren nach dem Motto *„Ich will etwas erreichen, aber meine Familie unterstützt mich nicht"*. Möglich sind auch Konflikte mit Institutionen oder Gesetzen: *„Ich will etwas erreichen, aber Institutionen oder bestehende Regeln stellen sich mir in den Weg"*.

Eine möglichst einfache Struktur erleichtert das Erfinden und Improvisieren von Geschichten! Die **„Storyspine"** von Kenn Adams bietet dazu eine gute Hilfe (Tab. 4.1):

Im Prinzip bestehen Geschichten aus diesen drei Elementen:

1. Es gibt eine Routine.
2. Diese Routine wird gebrochen.
3. Es entsteht eine neue Routine.

Dazu ein Beispiel:

Tab. 4.1 „Storyspine". (Mod. nach Adams 2007, S. 27; Schinko-Fischli 2019, S. 114)

Der **Anfang** etabliert eine Routine:	„Es war einmal …" „Jeden Tag …"
Das **Ereignis** bricht die Routine:	„Aber eines Tages …"
Die **Mitte** zeigt die Konsequenzen auf und erhöht die Spannung:	„Und deswegen …" „Und deswegen …" „Und deswegen …" Wiederholung so oft wie nötig
Der **Höhepunkt** führt die Lösung ein:	„Bis schließlich …"
Das **Ende** etabliert eine neue Routine:	„Und seitdem …"

▶ *„Es war einmal ein Schauspieler, der die Bühne über alles liebte. Jeden Tag freute er sich auf die Aufführungen am Abend. Aber eines Tages kam der Corona Lockdown und er verlor seine Arbeit am Theater und sein Publikum. Und deswegen geriet er in eine tiefe Krise und wusste nichts mehr mit seinem Leben anzufangen. Und deswegen zog er sich immer mehr zurück und überlegte sich, ob er noch weiterleben wolle. Und deswegen stand er eines Abends am Geländer einer Brücke und war kurz davor zu springen. Bis ihm schließlich klar wurde, dass sein Leben noch nicht zu Ende ist und er anderen lebensmüden Menschen helfen möchte. So kam er auf die Idee ein Stück für depressive Menschen zu schreiben und aufzuführen. Und seitdem spielt er sein Stück „die Brücke" in psychiatrischen Kliniken und Schulen zur Suizidprävention und hat schon vielen Menschen geholfen."*

Was zu Beginn einer Geschichte vorkommt, sollte später unbedingt eine Bedeutung erhalten. Beim Improvisationstheater ist die Kunst, sich möglichst viel zu merken und dieses Material später wieder in die Geschichte einzubauen. Trägt die Hauptfigur einer Geschichte am Anfang zum Beispiel einen Schal, kann dieser im weiteren Verlauf das Mordwerkzeug oder die rettende Lösung des Problems sein. Durch diese Wiedereingliederung werden Geschichten so richtig rund.

Das gilt übrigens auch für eigene wahre Geschichten, in denen es nicht primär darum geht, sie möglichst detailliert und realitätsgetreu nachzuerzählen. Zu viele Einzelheiten gehen auf Kosten der Geschichte und erzeugen meist Langeweile. Darum ist auch bei wahren Geschichten hilfreich, den Handlungsstrang auf die zentralen Elemente zu reduzieren und die Geschichte mit einem guten Spannungsbogen auszustatten.

4.2   Übungen Storytelling Online

Geschichten lassen sich auch online spannend aufbauen und trainieren!

Geschichten der Teilnehmenden
Die folgende Übung eignet sich sehr gut für den Einstieg in ein Seminar, zu jedem beliebigen Thema:

▶ **Übung**
Meine Heldenreise
Die Teilnehmenden stellen sich gegenseitig in Form einer kleinen Heldenreise vor. Es geht darum, sich zu überlegen, welche Hindernisse

man bisher im Leben überwinden musste und wie einem das jetzt im Leben weiterhilft. Wichtig ist dabei, auf den Spannungsaufbau der Geschichte zu achten und die Schwierigkeiten dramaturgisch zunächst zu erhöhen, bevor die Spannung wieder aufgelöst wird. Technik:

- Alle Teilnehmenden schalten auf Sprecheransicht.
- Der Mitspieler kann, wenn er möchte, seine Kameraeinstellungen so ändern, dass er sich selbst nicht sieht.

Aufbau von Geschichten

Um spannende Geschichten erzählen zu können, muss man wissen, wie Geschichten prinzipiell aufgebaut sind und dies am besten solange einüben, bis es in Fleisch und Blut übergegangen ist. Dazu eignen sich folgende Übungen:

▶ **Übung**
Storyspine
Diese Übung zeige ich zuerst mit einem Teilnehmer vor und schicke sie dann zu zweit in Breakout Sessions. Es geht hier darum, zu zweit eine Geschichte mithilfe der „Storyspine" von Adams zu erzählen. Die Satzanfänge sind dabei jeweils vorgegeben:

„Es war einmal…"
„Jeden Tag…"
„Aber eines Tages…"
„Und deswegen…"
„Und deswegen…"
„Und deswegen…"
„Bis schließlich…"
„Und seitdem…"
Technik:

- Breakout Sessions: Partnerarbeit

▶ **Übung**
Drei-Satz-Geschichten
Auch hier zeige ich die Übung mit zwei Teilnehmenden vor und schicke die Teilnehmer anschließend zu dritt in Breakout Sessions. Drei Spieler erfinden zusammen eine Geschichte, die nur aus drei

Sätzen besteht. Der erste Spieler beginnt mit dem ersten Satz, dem Anfang, der Zweite fügt mit einem Satz den Mittelteil, das Problem dazu und der dritte Spieler beendet mit einem Satz die Geschichte.
Technik:

- Breakout Sessions: 3er Gruppen

▶ **Übung**
Das Risiko erhöhen
Die Übung wird wieder vorgezeigt und anschließend gehen immer drei Teilnehmer zusammen in eine Breakout Session:
Spieler 1 beginnt mit dem Anfang einer Geschichte, Spieler 2 und 3 erhöhen das Risiko, z. B.:
Spieler 1: *„Sabine hat sich Hals über Kopf in Thomas verliebt."*
Spieler 2: *„Thomas ist verheiratet und hat zwei Kinder."*
Spieler 3: *„Sabine ist 40 und hätte selbst gerne noch ein Kind."*
Technik:

- Breakout Sessions: 3er Gruppen

Geschichten zur Zusammenarbeit

Wie schon beschrieben, eignen sich Geschichten sehr gut, um zu sehen, wo es in der Zusammenarbeit hakt. Das ist mit folgenden Übungen gut möglich:

▶ **Übung**
Ein-Satz Geschichten
Die Spieler erfinden miteinander eine Geschichte. Spieler 1 beginnt mit dem ersten Satz der Geschichte, Spieler 2 macht mit dem zweiten Satz weiter, usw. Hier kann man viele Dimensionen bzw. Blockaden in der Zusammenarbeit hautnah beobachten: ob Angebote gehört und aufgegriffen werden, wer Mühe hat, Führung zu übernehmen und sich zu exponieren. Oder zum Beispiel wer sich nicht führen lassen will und deshalb eigene Ideen nicht loslassen kann, wenn sich die Geschichte in eine andere Richtung entwickelt. Anhand der Qualität der Geschichte kann man gemeinsam besprechen, was in der Zusammen-arbeit gut funktioniert hat und was weniger.
Technik:

- Jeder Spieler bekommt zusätzlich zu seinem Namen eine Nummer, so wird eine Reihenfolge festgelegt.

PowerPoint-Karaoke

Für Präsentationstechnik Seminare oder auch einfach, wenn es darum geht, die eigene Spontaneität zu trainieren, eignet sich PowerPoint Karaoke sowohl in Präsenz- also auch online Anlässen sehr gut. Diese Form wurde 2006 von der „Zentralen Intelligenz Agentur" in Berlin entwickelt und ist seither sehr beliebt. Eigentlich wird PowerPoint Karaoke als öffentliche Veranstaltung aufgeführt, bei der freiwillige Zuschauerinnen zu völlig unbekannten PowerPoint Folien eine Präsentation halten.

Zur Vorbereitung sucht sich jeder Teilnehmende im Internet eine PowerPoint Präsentation. Diese sollte viele Bilder beinhalten und nicht allzu viele schriftliche Informationen. Dann schickt ein Teilnehmender die Folien über den Chat an die erste Freiwillige. Diese soll die Folien vorher noch nie gesehen haben. Sie öffnet das Dokument über den Chat, teilt ihren Bildschirm und schon kann ihre spontane Präsentation beginnen. Alle anderen schalten auf Sprecheransicht, damit sie die Präsentatorin gut sehen können. Gerade, wenn ich über ein Thema wenig oder gar nichts weiß, kommt die Fähigkeit voll zum Tragen, spannende Geschichten erzählen zu können.

Eine andere Möglichkeit ist es, das Internet Portal für PowerPoint Karaoke (www.kapopo.de) zu verwenden. Dort werden online gratis PowerPoint Folien nach verschiedenen Schwierigkeitsstufen angeboten.

Statusverhalten Online

5

5.1 Einführung Status

Der Begriff „Status" wird in verschiedenen Kontexten verwendet und hat mehrere Bedeutungen. Sozialer Status bezeichnet die Stellung einer Person oder einer Gruppe innerhalb der Gesellschaft. Keith Johnstone (1993) beschäftigte sich in seinem Unterricht für Schauspielerinnen sehr intensiv mit ihrem Statusverhalten. Er fand heraus, dass die Szenen auf der Bühne viel spannender und realistischer wurden, wenn die Schauspielerinnen auch einen bestimmten Status zueinander einnahmen. Dieses Statusverhalten ist dabei zum Teil unabhängig vom sozialen Status und beinfluss- und veränderbar. Das ist das spannende an diesem Konzept und Ziel meines Unterrichts: das eigene Statusverhalten an die jeweilige Situation anpassen zu können.

Wir inszenieren unseren eigenen Status permanent durch unsere Körpersprache und verbale Sprache, aber auch durch unseren Umgang mit Raum und Zeit. Er entsteht dabei immer in der Beziehung zu anderen und verändert sich von Moment zu Moment. Sobald jemandem zum Beispiel ein Missgeschick passiert, sinkt sein Status. Je nach Umgang mit dem Missgeschick kann sich der Status schnell wieder erholen, z. B. indem man ruhig und souverän bleibt.

Hoch- und Tiefstatus haben unterschiedliche Qualitäten und sind in verschiedenen Situationen angebracht. Es ist ganz wichtig, den Teilnehmenden zu vermitteln, dass nicht Hochstatusverhalten per se der Schlüssel zum Erfolg ist. (siehe auch Schinko-Fischli 2019).

S. Schinko-Fischli, *Online Workshops mit Angewandter Improvisation,* essentials, https://doi.org/10.1007/978-3-658-31705-8_5

Tiefstatus
Tiefstatus wird im Alltag mit folgenden Signalen vermittelt:

- Stand auf einem Bein oder die Beine sind überkreuzt
- der Kopf ist zur Seite geneigt
- sich klein machen und wenig Raum einnehmen
- verschlossene Körperhaltung
- der Blickkontakt wird nicht gehalten, zuerst wegschauen
- fahrige und hektische Berührungen
- sich selbst berühren, vor allem am Kopf und im Gesicht

Dabei kommt es auch immer auf die Situation, das Verhalten des Gegenübers und die innere Einstellung an.

Tiefstatusverhalten hat oft auch einen komischen Aspekt. Das sieht man in den Workshops, wenn bei einer Tiefstatusdarstellung alle lachen müssen. Eine Berufsgruppe lebt sogar vom Tiefstatusspiel, nämlich Komikerinnen und Clowns. Sie werden dafür bezahlt, dass sie ihren eigenen Status senken und man darüber lachen kann. Im Leben lachen wir über Tiefstatusverhalten meist nicht, da die betreffende Person sonst ihr Gesicht verlieren kann. Gerne schauen wir uns aber Missgeschicke und Fehlleistungen im Fernsehen und im Internet an im Wissen, dass unser Lachen niemand hört.

Hochstatus
Typische Hochstatussignale sind zum Beispiel:

- breiter Stand, das Gewicht ist auf beiden Beinen gleichmäßig verteilt
- gerade Kopfhaltung, der Kopf bewegt sich wenig
- aufrechte und offene Körperhaltung
- der Blickkontakt wird gehalten
- große und ruhige Gesten
- Berührungen anderer – je weiter oben am Körper desto mehr senkt man den Status des Gegenübers (in aufsteigender Reihenfolge: Arm, Schultern, Kopf)
- viel Raum einnehmen, sich in der Mitte des Raums positionieren

Viele Politiker und Manager lieben das Hochstatusspiel und werden extra dafür trainiert. Gerade Berührungen anderer werden sehr gezielt eingesetzt, um auf einem Pressefoto möglichst überlegen zu erscheinen. Sie berühren einander also nicht aus Zuneigung so oft, sondern um in diesem Machtspiel zu punkten.

Emanuel Macron liess sich für sein erstes Treffen mit Donald Trump gezielt schulen und drückte dessen Hand so fest, um seinen eigenen Hochstatus gleich zu Beginn klarzustellen.

Statusflexibilität

Wir bevorzugen gewohnheitsmäßig einen bestimmten Status, ohne uns dessen bewusst zu sein. Damit steht uns eine gewisse Bandbreite an Statusverhalten zur Verfügung und wir fühlen uns in diesem Bereich am wohlsten. Das Ziel meiner Workshops ist, ein Bewusstsein für das eigene Statusverhalten zu bekommen und die Bandbreite an Verhaltensmöglichkeiten zu vergrößern.

Ein hohes Statusverhalten bedeutet, dass ich über ein potenziell höheres Durchsetzungsvermögen verfüge, mehr Autorität ausstrahle und von anderen ernster genommen werde. Allerdings nehme ich anderen womöglich Raum weg, bekomme weniger ehrliches Feedback und es entstehen mehr Konkurrenzsituationen.

Tiefstatusverhalten ermöglicht, dass andere mehr Platz erhalten, ich empathischer und sympathischer wirke und den Status anderer erhöhen kann. Die Nachteile sind, dass ich mich tendenziell weniger durchsetzen kann und weniger gehört und gesehen werde.

Hoch- und Tiefstatusverhalten ist jeweils also in unterschiedlichen Situationen angebracht.

Es gibt dabei vier Arten den eigenen Status zu verändern: (Schinko-Fischli 2019, S. 89)

1. Man kann den eigenen Status erhöhen, z. B. indem man eine Erfolgsgeschichte erzählt.
2. Man kann den eigenen Status erhöhen, indem man den Status anderer senkt, z. B. durch Kritik.
3. Man kann den eigenen Status senken, z. B. durch Selbstkritik.
4. Man kann den Status anderer erhöhen und so den eigenen Status senken, z. B. durch Anerkennung, Bewunderung etc.

Eine andere Möglichkeit den eigenen Status deutlich zu erhöhen ist, das Gespräch auf eine Metaebene zu heben. Auf dieser Ebene wird die aktuelle Situation quasi „aus der Vogelperspektive" betrachtet und aus dieser Sichtweise reflektiert. Zum Beispiel ist das in Prozessreflexionen in Teamsitzungen möglich. Wenn ich den Mut habe, Meta-Beobachtungen (z. B., wenn ich oft unterbrochen werde oder wenn

Konflikte unterschwellig ausgetragen werden) anzusprechen, dann kann ich nicht nur die Situation beeinflussen, sondern auch meinen Status erhöhen.

Natürlich hat das eigene Statusverhalten auch viel mit innerer Selbstsicherheit zu tun. Tiefstatusverhalten entsteht oft aus einer inneren Unsicherheit heraus und Hochstatusverhalten wirkt nicht glaubwürdig, wenn es nur nach außen gespielt wird. Eine gute Mischung ist es, wenn ich innen selbstsicher bin, aber nach außen hin meinen Status bewusst senke. So wirke ich sympathisch, nahbar und menschlich, bleibe aber trotzdem überzeugend und selbstsicher. Doch auch das ist kein Wundermittel und in bestimmten Situationen wird es trotzdem notwendig sein, einen hohen Status einzunehmen oder den eigenen Status noch tiefer zu senken, also Statusflexibilität zu zeigen.

Status und Frauen
Frauen werden nach wie vor oft dazu erzogen, einen tiefen Status einzunehmen und sich wenig Raum zu nehmen. Typisch weibliches Verhalten – den Kopf schief legen, die Beine übereinanderschlagen, sich in den Haaren oder im Gesicht berühren, etc. – wirkt statussenkend. Wehe, wenn Frauen ihr Statusverhalten deutlich erhöhen! Dafür werden sie schnell einmal kritisiert.

Nähe unter Frauen entsteht oft durch Selbstkritik und Selbstabwertungen. Wenn es eine Frau wagt, dieses Spiel nicht mitzuspielen und einen hohen Status einzunehmen, riskiert sie diese Nähe zu verlieren und sogar von der Frauensolidarität ausgeschlossen zu werden.

Status und flache Hierarchien
Der soziale Status, zum Beispiel in der Form einer hierarchischen Position innerhalb einer Organisation, hat einen Einfluss auf das persönliche Statusverhalten. Aus dieser Position heraus ist es natürlich einfacher, seine Interessen durchzusetzen und einen höheren Status einzunehmen. Trotzdem muss auch dieser Status bei Bedarf mit dem entsprechendem Statusverhalten abgesichert werden Ansonsten besteht die Gefahr, die Autorität bzw. die Anerkennung der Mitarbeitenden zu verlieren.

Lehner und Ötsch (2015) kommen in ihrem Buch „Jenseits der Hierarchie: Status im beruflichen Alltag aktiv gestalten" zum Schluss, dass flache Hierarchien zu mehr Statuskämpfen führen. Den Grund dafür vermuten Sie darin, dass der eigene Status nicht mehr automatisch durch die hierarchische Position im Unternehmen abgesichert ist und permanent durch das eigene Hochstatusverhalten verteidigt werden muss. Ein Vorteil traditioneller Hierarchien ist offenbar, dass der eigene Status nicht immer neu verhandelt werden muss.

5.2 Status Online

Videokonferenzen, online Meetings und online Workshops beeinflussen das Statusverhalten bzw. die Aushandlung von Status in der Interaktion markant, denn es stehen weniger Mittel zur Verfügung, den eigenen Status deutlich zu machen! So können z. B. größere Menschen online ihren Vorteil nicht nützen, weil körperliche Größe keine Rolle mehr spielt. Auch Statussymbole (Uhren, Kleidung, etc.) haben online kaum einen Einfluss. Man kann andere nicht berühren und wird nicht berührt, somit bleiben auch diese klassischen Statusspiele außen vor.

Trotzdem aber verschwinden Statusspiele und -kämpfe online natürlich nicht einfach. Sie werden nur anders ausgetragen. Es gibt zum Beispiel online Plattformen, bei denen nur zwei oder maximal vier Personen sichtbar sind und zwar diejenigen, die am meisten Redezeit beanspruchen. Alle anderen sieht man erst gar nicht. Deutlicher lässt sich ein Statusunterschied nicht illustrieren.

Statusverhalten online

Online hat jede Person üblicherweise nur das eigene Videofenster zur Verfügung, um den Status darzustellen. Dieses Fenster ist bei allen gleich groß. Trotzdem gibt es hier sehr wohl Spielmöglichkeiten. Zum Beispiel kann ich mehr Raum einnehmen, indem ich mit sichtbaren Gesten arbeite oder mit meinem Gesicht näher zur Kamera komme und so mehr Raum ausfülle – und einen höheren Status zeigen kann.

Den Status online zu senken geht ganz einfach, indem ich den Kopf schräg halte, mich im Gesicht oder am Kopf angreife und wenig Raum im Videofenster einnehme. Also von der Kamera wegrücke.

Noch stärker als in normalen Meetings kann online ein Gespräch durch einen hohen Redeanteil dominiert werden. Bei der Einstellung „Sprecheransicht" ist man dann groß sichtbar. Während man offline auch durch Schweigen und nonverbalem Hochstatusverhalten viel Aufmerksamkeit auf sich ziehen kann, ist das online wesentlich schwieriger.

Auch gruppendynamische Aspekte fallen weitgehend weg oder werden, wenn möglich, über private Chatverläufe ausgetragen (z. B. *„Ist dir auch so langweilig?"*, *„Der sagt auch immer das Gleiche"*, etc.). Es ist online nicht möglich sich Blicke zuzuwerfen und nonverbal direkt zu kommunizieren.

Tiefstatus Online

Online wird Tiefstatus folgendermaßen vermittelt:

Kopfhaltung	Der Kopf ist zur Seite geneigt
Körperhaltung	Wenig Raum im Videofenster ausfüllen
Bewegungen	Fahrige und hektische Bewegungen
Berührungen	Sich selbst berühren, vor allem im Gesicht und am Kopf
Sprache	Viele „äh", „hm" oder sonstige Zwischenwörter verwenden Zögern Sich unterbrechen lassen Sich selbst kritisieren Sich verteidigen („Ich hatte keine andere Wahl.") Den Konjunktiv benutzen („ich würde", „ich sollte", „ich könnte") Häufig verstärkende (sehr, fest, völlig …) oder füllende (selbstverständlich, natürlich …) Adverbien verwenden
Hintergrund	Unaufgeräumt und überfüllt Private und persönliche Gegenstände Kein Arbeitszimmer, sondern man befindet sich in der Küche, im Wohnzimmer oder sogar im Kinderzimmer

Hochstatus Online

Hochstatus wird online mit folgenden Signalen dargestellt:

Kopfhaltung	Gerade Kopfhaltung Der Kopf bewegt sich wenig
Körperhaltung	Viel Platz im Videofenster einnehmen Aufrechte und offene Körperhaltung
Bewegungen	Ruhige und zielgerichtete Bewegungen Mit sichtbaren Gesten den Raum füllen
Berührungen	Keine Berührungen
Sprache	In ganzen Sätzen sprechen Pausen machen Geschichten erzählen (Storytelling!) Fragen stellen Andere unterbrechen Andere beurteilen – kritisieren oder loben! (auch mit einem Lob stellt man sich über den anderen und erhöht so den eigenen Status) Den Konjunktiv vermeiden (stattdessen: „ich werde", „ich will", „ich kann")

Hintergrund	Aufgeräumt und möglichst neutral
	Am Arbeitsplatz
	Im Hintergrund sind nur arbeitsrelevante Gegenstände sichtbar bzw.
	dezente optische Reize

Status und Raum

Der Hintergrund bekommt in der online Kommunikation eine große Bedeutung. War darf im Büro arbeiten und wer ist immer noch im Homeoffice, wer hat zu Hause einen Arbeitsplatz und wer nur in der Küche ein Plätzchen? Und was sieht man im Hintergrund, eine aufgeräumte Arbeitsatmosphäre mit vielen Büchern oder ein unaufgeräumtes Gestell mit vielen privaten Gegenständen? (Abb. 5.1).

Status und Zeit
Zu spät kommen, früher gehen, zwischendrin Telefonate führen, kurzfristig absagen. Das alles sind Möglichkeiten, um deutlich zu machen, dass man wichtigere Verpflichtungen hat als dieses Meeting oder jenen Workshop. Sie demonstrieren eindeutig hohen Status und setzen die anderen Beteiligten herab. Dieses Verhalten funktioniert auch online gut und kann genau so beobachtet werden. Eine verbindliche und vertrauensvolle online Atmosphäre herzustellen ist schwierig und herausfordernd. Wichtig ist dazu nämlich auch, dass man sich auf die Anwesenheit der anderen Beteiligten verlassen kann.

5.3   Übungen Status Online

Statusverhalten und Statusflexibilität lassen sich online sehr gut trainieren, als Einstieg ins Thema Status eignet sich vor allem folgende Übung:

▶ **Übung**
Statusauftritt
Ich schicke einem Spieler über den Chat eine Zahl von 1 bis 10 (1 ist der tiefste Status, 10 der Höchste). Dann muss der Spieler mit wenigen Sätzen das Publikum in diesem Status begrüßen. Die Zuseher raten dann, welche Statusnummer der Spieler von mir bekommen hat und geben ihm zu seinem Auftritt Feedback.

Abb. 5.1 © Evi Fill

Technik:

- Alle Teilnehmenden schalten auf Sprecheransicht.
- Die Statusnummern werden über den privaten Chat verschickt.

Jeder hat einen bestimmtes Statusverhalten, mit dem man sich am wohlsten fühlt, meist ist das ein bestimmter Bereich. Wenn man sich ausserhalb dieses Bereiches bewegt, fühlt man sich eventuell nicht mehr authentisch, das liegt einfach daran, dass es ungewohnt ist. Den eigenen Wohlfühlbereich kennenzulernen, gelingt mit der nächsten Übung. Weil diese Übung einen auch persönlich sehr berühren oder sogar irritieren kann, ist es wichtig, dass nur Freiwillige mitmachen.

▶ **Übung**
Statusfeedback
Der Spieler setzt sich möglichst neutral vor die Kamera. Die Zusehenden geben der Person ein Feedback, welchen Status sie wahrnehmen und zwar in Zahlen von 1 bis 10 (1 = sehr tiefer Status, 10 = sehr hoher Status). Nach Wunsch kann auch rückgemeldet werden, wie es zu dieser Einschätzung kommt, also welche körpersprachlichen Signale den Status erhöhen oder senken. Interessant ist auch darüber nachzudenken, welche Einschätzung man gerne hören möchte, zum Beispiel einen möglichst hohen Status.
Technik:

- Alle Teilnehmenden schalten auf Sprecheransicht.

Hoch- und Tiefstatusverhalten lässt sich mit folgender Übung gut trainieren:

▶ **Übung**
Statuskämpfe
Zwei Spieler bekommen vom Publikum eine Situation vorgegeben, z. B. zwei Kollegen auf einer online Konferenz oder zwei Politiker bei einem online Meeting oder zwei Freunde bei einem privaten online Treffen. Dann wird diese Szene von den beiden Spielern improvisiert und dabei um den höchsten oder tiefsten Status gekämpft. Zwischendrin stoppe ich die Szene mehrmals und frage die Zuschauer, wer aktuell den höheren bzw. tieferen Status hat und warum.

Technik:

- Alle Zuschauer schalten ihre Kameras aus, sodass nur die Mitspieler sichtbar sind.

Mit der nächsten Übung lässt sich die Statusflexibilität trainieren:

▶ **Übung**
Statuswippe
Zwei Spieler improvisieren zusammen eine Szene, in der er es am Anfang ein deutliches Statusgefälle gibt. Meist nehme ich für die erste Szene ein online Bewerbungsgespräch. Das Statusgefälle wird dabei bewusst etwas übertrieben. Zu Beginn der Szene soll der Personalchef nämlich einen möglichst hohen Status haben und der Bewerber einen möglichst tiefen (je extremer, desto besser). Auf einer Skala von 1 bis 10 (1 = sehr niedriger Status, 10 = sehr hoher Status), sollte der Vorgesetzte eine 10 sein und der Bewerber eine 1 sein. Nachdem sich das ungleiche Gespräch etabliert hat, können die Spieler langsam eine Statuswippe beginnen. Dabei soll sich der jeweilige Status langsam verändern. Der Vorgesetzte senkt seinen Status, der Bewerber erhöht seinen Status. Am Schluss soll der Vorgesetzte einen möglichst tiefen Status haben und der Bewerber einen möglichst hohen Status. Meist bittet am Schluss der Vorgesetzte den Bewerber darum, den Job doch anzunehmen. Für die Statuswippe braucht es einen triftigen Grund, den die Spieler im Moment erfinden müssen. Möglich ist z. B., dass der Bewerber der Sohn des Firmeninhabers ist, pikante Informationen über den Personalchef hat etc., aber erst später damit herausrückt.

Technik:

- Alle Zuseher schalten ihre Kameras aus, sodass nur die Mitspieler sichtbar sind.

Online Workshop: „Gute Zusammenarbeit in schwierigen Zeiten"

Österreichische Forschungsförderungsgesellschaft (FFG) in Kooperation mit der Österreichischen Universität für Bodenkultur (BOKU)

Eckpunkte

Institutionen

Die **Österreichische Forschungsförderungsgesellschaft** (FFG) ist die nationale Förderagentur für die unternehmensnahe Forschung und Entwicklung in Österreich und wickelt im Auftrag des Bundesministeriums für Digitalisierung und Wirtschaftsstandort das Programm w-fFORTE ab. w-fFORTE unterstützt die Vision von mehr Chancengerechtigkeit und will mehr Frauen in gestaltenden Rollen in der standortrelevanten Forschung & Innovation sichtbar machen.

Die **Universität für Bodenkultur Wien** (BOKU) wiederum ist eine Lehr- und Forschungsstätte, die sich dem Management der natürlichen Ressourcen widmet. Ein besonderes Merkmal ist dabei die Verbindung von Naturwissenschaften, Technik sowie Sozial- und Wirtschaftswissenschaften. Die stetige Weiterentwicklung der Führungs- und Genderkompetenzen im Wissenschaftsbetrieb ist ein zentrales Anliegen der BOKU, das grosse Fortbildungsangebot der Abteilung für Personalentwicklung ein Zeichen dieses Engagements.

Auftrag:
Ein online Workshop, um die Fähigkeit zum Zusammenspiel mit anderen in Projekten und disziplinübergreifenden Kooperationen zu stärken. Mit den innovativen und experimentellen Methoden der Angewandten Improvisation sollen Feinheiten in der Kooperation und Kommunikation ausgelotet werden können, die normalerweise nicht zur Sprache kommen.

Dauer:
Jeweils von 9:00 bis 10:30 von Mo-Fr (fünf Tage).

Zielgruppe:
Forscherinnen aus der kooperativen bzw. anwendungsorientierten Forschung und Unternehmen, die über das Programm w-fFORTE teilnehmen konnten und Wissenschaftlerinnen der BOKU.

Ziele:
Die Teilnehmenden ...

- trainieren aktive Präsenz und Aufmerksamkeit.
- lernen, wie sie die Gesprächspartner „gut aussehen" lassen.
- verfeinern ihre Fähigkeit, so genannte „Angebote" zu erkennen und diese anzunehmen.
- erweitern ihre Statusflexibilität und damit die Möglichkeit, auf Augenhöhe zusammenzuarbeiten.
- bauen ihre Flexibilität und Spontanität und damit ihren Gestaltungsraum in der Kommunikation aus.
- erfahren wichtige Grundhaltungen für das Entstehen von Innovation.

Der Austausch und die Vernetzung von Frauen aus unterschiedlichen Organisationen und Fachdisziplinen aus Wissenschaft & Wirtschaft soll gestärkt werden.

Ausgangslage

Im April 2020 wäre ein Präsenzworkshop für das Programm w-fFORTE in Kooperation mit der BOKU in Wien geplant gewesen. Da dieser aufgrund des Corona Lockdowns abgesagt wurde, entstand die Idee, einen virtuellen Workshop anzubieten. Ergänzt um aktuelle Themen und Herausforderungen der Situation wurde der Workshop im Mai 2020 online via Videokonferenz (Zoom) und in einer reinen Frauengruppe durchgeführt Die Arbeitszeiten waren Montag bis Freitag jeweils von 9:00 bis 10:30. Die über fünf Tage verteilten kürzeren Zeiteinheiten bewährten sich sehr gut – ebenso wie die Einrichtung eines Slack Channels (Slack ist eine cloud-basierte Kollaborationssoftware), über welchen die Teilnehmerinnen zusätzlich miteinander kommunizierten und Vorbereitungsaufgaben für den nächsten Kurstag erhielten. So konnten die Teilnehmerinnen, das Gelernte noch am selben Tag in der beruflichen Zusammenarbeit ausprobieren, anwenden und sich darüber hinaus vernetzen.

Warum Angewandte Improvisation?
Angewandte Improvisation ist eine Methode, die mittlerweile in vielen Unternehmen und Institutionen auf der ganzen Welt erfolgreich zum Einsatz kommt. Es werden die Prinzipien und Methoden aus dem Improvisationstheater verwendet und für den Einsatz in anderen Bereichen, z. B. in Training und Beratung adaptiert. Viele soziale Fähigkeiten, die in unserer heutigen oft unberechenbaren Zeit noch wichtiger geworden sind, wie Agilität, Kreativität, Teamfähigkeit und Statusflexibilität (Zusammenarbeit auf Augenhöhe) können mit diesen Techniken verbessert und trainiert werden.

In der Zusammenarbeit von Forschern und Forscherinnen über Organisations- bzw. Disziplingrenzen und – in internationalen Projekten – über räumliche Distanzen hinweg, ist gelingende Kommunikation ein Schlüssel zum Erfolg. Diese geht allerdings im Projektalltag mit verschiedenen Partnern aus unterschiedlichen Forschungs-, Arbeitskulturen und Persönlichkeitstypen leicht verloren. Statt Zusammenarbeit und dem Bauen von Brücken zwischen Disziplinen oder Organisationen kommt es zu einem „nebeneinander" und Abarbeiten von Arbeitspaketen. (siehe dazu auch folgende Studie: https://www.ffg.at/sites/default/files/allgemeine_downloads/strukturprogramme/wfFORTE/Teamstudie_wfFORTE_final.pdf).

Insbesondere durch die Status-Übungen kann disziplin- oder geschlechtsspezifisches Kommunikationsverhalten, das durch Sozialisation als Mann oder Frau bzw. im jeweiligen Wissenschafts- oder Forschungsbereich angelernt wurde, sichtbar und damit positiv gestaltbar werden.

Inhalt
Auch und gerade unter den erschwerten Bedingungen ausschliesslicher online Kommunikation, bei der unbewusste Kommunikationskanäle wie Körpersprache nur eingeschränkt verfügbar sind, zeichnet sich gute Zusammenarbeit vor allem

dadurch aus, dass man einander zuhört, die anderen Teammitglieder gut aussehen lässt, sowie Ideen aufgreift und weiterspinnt.

Dabei ist das so genannte „Yes, and…" Prinzip für die Entwicklung innovativer Lösungswege von entscheidender Bedeutung. Es geht zunächst darum, einen kreativen Raum zu öffnen, der die spontane und unzensierte Entstehung von Ideen, Gedanken, Assoziationen, Analogien, Bildern etc. überhaupt ermöglicht. Das wird unterstützt durch ein ausdrückliches „Ja, und…" zu den eigenen Ideen und dadurch, dass die Beiträge der KollegInnen als Inspiration aufgenommen, weitergeführt und weiterentwickelt werden. In diesem – wortwörtlichen – Zusammenspiel können unerwartete, überraschende neue Lösungen und bereichsübergreifende Kooperationen entstehen, deren Ergebnisse über den sprichwörtlichen „Tellerrand" hinausreichen.

Diese Art der Zusammenarbeit auf Augenhöhe baut wesentlich auf der Klarheit der Beteiligten über das eigene Statusverhalten auf. Den eigenen Status zum Beispiel zu senken und dadurch jenen des Gegenübers zu erhöhen vermittelt Empathie und Sympathie. Andererseits verstärkt ein hoher Status die Durchsetzungsfähigkeit. Beides ist für produktive Zusammenarbeit wichtig und in unterschiedlichen Situationen in der Zusammenarbeit ebenso notwendig wie angebracht.

Neben den beschriebenen grundlegenden Fähigkeiten zur Zusammenarbeit war ein weiteres Ziel, die Freude an Ko-Kreation auch in unsicheren Zeiten zu fördern und zu entdecken, dass zielgerichtete Kooperation auch online sehr gut möglich ist.

Ablauf

Vorbereitungsaufgabe auf Slack:

Ich bitte Sie darum, sich hier in diesem Slack Raum persönlich und beruflich vorzustellen sowie Ihre Erwartungen an den Workshop zu formulieren.

Montag

Der Montag war den Themen „Kennenlernen" und „Angebote annehmen" gewidmet. Im online Workshop fand die Vorstellungsrunde mit der Übung „Was ich auch noch gerne geworden wäre" (siehe S. 23) statt. Das Ziel dieser Übung ist es, die Teilnehmenden gleich in eine andere, kreative Welt zu führen und den gewohnten beruflichen Alltag möglichst draussen zu lassen.

Das Thema „Angebote annehmen" führte ich mit der Übung „Nein, ja aber, ja und" (siehe S. 15) ein. Diese Übung macht deutlich, wann es angebracht ist Angebote anzunehmen und wann auch klar „nein" gesagt werden muss. Das „Yes, and…" Prinzip als Grundlage ko-kreativen Arbeitens wird deutlich und erfahrbar.

Breakout Sessions:
Den ersten Kurstag beendete ich mit einem Austausch in Kleingruppen zur Frage, welche Erfahrungen die Teilnehmenden bisher mit Blockaden und dem Thema „Angebote annehmen" gemacht haben.

Vorbereitungsaufgabe auf Slack:
Zählt heute im Laufe des Tages mit: Wie oft sage ich „nein", „ja, aber", „ja, und"? Wie oft höre ich „nein", „ja, aber", „ja, und"? Wie geht es danach jeweils weiter? Was passiert, wenn ich „ja, und" sage? – schreibt dazu bitte einen kurzen Bericht in den Slack Channel.

Dienstag
Der Dienstag startete mit Assoziationsübungen (siehe S. 17–18). Diese ermöglichen es, zu den eigenen Impulsen „ja, und..." zu sagen und den eigenen Zensor einmal beiseite zu schieben. Der Tag war zudem eine Vertiefung im Thema Angebote annehmen mit den Übungen: „Geschenke schenken" (siehe S. 24), „Wer kann am besten Angebot annehmen" (siehe S. 17). Anhand der Übung „Ein-Satz Geschichten" (siehe S. 32) führte ich das Thema Storytelling ein. Kurze Inputs meinerseits zu den Themen „den Partner gut aussehen lassen" (siehe S. 3–4) und „Storytelling" (siehe Kapitel Storytelling) ergänzten die Sequenz.

Breakout Sessions:
Die Aufgabe in den Kleingruppen war, aktuell schwierige Situationen zu sammeln, die mit dem Thema Angebote annehmen zu tun haben und diese gemeinsam zu besprechen.

Vorbereitungsaufgabe auf Slack:
Stellt euch hier auf Slack mit einem möglichst hohen Status vor – listet alle eure Titel und Erfolge auf!

Mittwoch
Zu Beginn des Tags stellte ich die Frage, wie leicht oder schwer es gefallen war, sich mit einem derart hohen Status schriftlich vorzustellen. Erwartungsgemäß hatten viele Teilnehmerinnen gewisse Hemmungen dabei verspürt und es war sehr aufschlussreich, kurz über die dahinter liegenden Gründe zu diskutieren. Das Thema „Status" wurde dann vertieft mit folgenden Übungen: „Statusauftritt (siehe S. 41), „Statuswippe" (siehe S. 44), sowie „Statuskämpfe" (siehe S. 43). Wichtig ist hier zu betonen, dass Hochstatus- nicht besser als

Tiefstatusverhalten ist und wie man mit Statusflexibilität gute Zusammenarbeit auf Augenhöhe unterstützen kann.

Breakout Sessions:
In den Kleingruppen sollten folgende Frage diskutiert werden:

* Wie erlebt ihr das Thema Status in eurem Alltag?
* Mit welchem Status fühlt ihr euch selbst am Wohlsten?

Vorbereitungsaufgabe auf Slack:
Stellt bitte für morgen Bilder von öffentlichen Personen mit sehr hohem oder sehr tiefem Status in diesen Slack Channel.

Donnerstag
Am Donnerstag stellten die Teilnehmerinnen ihre Fotos aus der Vorbereitungsaufgabe vor. Dann sammelten sie in zwei Gruppen knifflige aktuelle Gesprächssituationen, um dann eine dieser Situationen in einem Rollenspiel vorzustellen. Dieses wurde dann gemeinsam bearbeitet (siehe improvisierte Rollenspiele S. 25–26), indem die jeweilige Situation besprochen und der Fallbringerin ein Feedback gegeben wurde. Sobald jemand einen Vorschlag machte, wie man sich in dieser Situation sonst noch verhalten könnte, schlüpfte diese Person in die Rolle der Fallbringerin und probierte das aus. Dazu gab es wieder ein Feedback aus der Gruppe. Gearbeitet wurde vor allem mit den Themen Angebote annehmen, den Partner gut aussehen lassen und Statusverhalten. Am Schluss hatte die Fallbringerin mehrere Lösungsansätze für ihre Situation zur Verfügung.

Vorbereitungsaufgabe auf Slack:
Stellt bitte Fotos von Personen in diesen Slack Channel, die euch mit ihrem Statusverhalten positiv beeindrucken und begründet kurz wie ihnen das gelingt.

Freitag
Auch am letzten Kurstag konnte zuerst jede Teilnehmerin ihre Fotos vorstellen. Anschließend bearbeiteten wir das Rollenspiel aus der zweiten Gruppe vom Vortag und beschlossen den Tag mit einer Rückschau auf den ganzen Workshop.

Abschlussfeedback auf Slack:
Am Schluss stellten die Teilnehmenden auch noch ein schriftliches Feedback in den Slack Channel.

Erfahrungen mit der Frauengruppe

Besonders das Thema Status war für die Teilnehmerinnen spannend und es wurde rege darüber diskutiert, wie man als Frau Hochstatusverhalten zeigen kann, ohne dafür angefeindet zu werden. In der Tat war es nicht leicht, Fotos von Frauen zu finden, die durch ihr positives Hochstatusverhalten überzeugen. Ebenfalls ein Thema war, wie viel Platz sich Frauen überhaupt nehmen „dürfen" und wie sich z. B. auch online ein hoher Status zeigen lässt.

Gleichzeitig wurde aber auch deutlich, wie wichtig Tiefstatusverhalten ist bzw. wie effektiv die Kombination zwischen innerer Selbstsicherheit und tiefem sichtbaren Status ist, also den Mut aufzubringen, nach außen hin den eigenen Status bewusst zu senken.

Nutzen für die Teilnehmerinnen

Die Teilnehmerinnen beschrieben auf Slack den Nutzen des Workshops folgendermaßen:

- *Der Workshop hat neue Aspekte aufgezeigt, die zur Effizienz in der Kommunikation beitragen und unterstützend wirken. Nicht nur beim Empfänger, sondern auch bei sich selbst (Status, Körpersprache). Die dazu durchgeführten Übungen waren sehr anschaulich und haben einen sofortigen Lerneffekt gezeigt.*
- *Der Workshop hat Selbstreflexion unterstützt und neue Lösungswege in Konfliktsituationen gezeigt.*
- *Sehr hilfreiche Themen, die ein neues Herangehen an so manches Meeting und Gespräch ermöglichen. Lust auf Improvisieren und Ausprobieren wird geweckt, Horizont erweitert.*
- *Der Workshop war für die Kommunikation in Büro und Privatleben (und mit sich selbst) sehr hilfreich und bereichernd!*
- *Der Workshop hat mich dazu gebracht, darüber nachzudenken, wie häufig Frauen schon von früh auf eine bestimmte Körpersprache beigebracht wird, die den Status senkt und wie sehr diese Körpersprache auch die Selbstkritik beeinflusst.*

Kundenfeedback von Andrea Handsteiner (Leiterin Personalentwicklung BOKU) und von Charlotte Alber (Programmleitung für: w-fFORTE in der FFG)

w-fFORTE beschäftigt sich seit vielen Jahren aus dem Blickwinkel der Frauenförderung, was es für gelingende Zusammenarbeit in der kooperativen bzw. anwendungsorientierten Forschung benötigt. Auch an der BOKU als naturwissenschaftlich und technisch ausgerichteter Universität ist genderspezifisches

Training ein großes Anliegen. Bei der Vertiefung von 'collaboration skills' bleibt man mit klassischen Trainingsmethoden oft nur an der „Oberfläche" oder sehr theoretisch auf der Meta-Ebene. Applied Improvisation macht unausgesprochene Herausforderungen aus dem Projektalltag aktiv erfahrbar. Die Methode führt damit zu schnellem Lernen sowie wirkungsvoller Selbstreflexion von Verhaltensmustern. Spannend ist dabei die geforderte ko-kreative Grundhaltung. Gerade im Innovationsumfeld ist das „Ja, und!" und die Bereitschaft für „durch schnelles Scheitern rasch zu Erfolgen" zentral, um neue Ideen und Perspektiven zu entwickeln. Es hat sich bei den Trainings gezeigt, dass diese Innovationshaltung – durch nach Außen hin vielleicht spielerisch wirkende Methoden – nachhaltig stärkend wirkt.

Die Impro-Übungen gehen über altbewährte „Rollenspiele" hinaus und ermöglichen direktes Erfahrungslernen. Wir bieten deshalb immer wieder Workshops an, die mit Applied Improvisation wichtige Kooperations- und Kommunikationsthemen abdecken. Der erste Workshop im Jahr 2018 (ebenfalls eine Kooperation zwischen w-fFORTE und BOKU) wurde in einem gemischten Setting (Forscherinnen und Forscher) angeboten, um auch geschlechtsspezifische Verhaltensmuster erfahrbar zu machen. Besonders erfolgreich haben sich in weiterer Folge reine Frauengruppen erwiesen: In diesem Lern-Setting besteht eine größere Tendenz, Situationen offen zu reflektieren. Im Feedback ist häufig ein „Aha-Effekt" spürbar: Aha, den anderen geht es ähnlich – und man kann durch flexiblen Status-Gebrauch berufliche Alltagssituationen noch effektiver gestalten. Überraschend war auch der weitreichende Vernetzungseffekt: im w-fFORTE Netzwerk hat sich eine eigene, selbst organisierte Peergroup (Personen mit ähnlichen Hintergründen und Zielen) gebildet, die sich regelmässig (auch online) trifft und mit Impro-Methoden an Berufssituationen arbeitet, sowie eine weitere Peergroup, die sich über neue Vorhaben im Bereich der 17 SDGs (Sustainable Development Goals, „Agenda 2030 für nachhaltige Entwicklung" der UNO) austauscht.

Gerade die COVID-19 Pandemie hat gezeigt, dass wir jede einzelne Forscherin und jeden Forscher benötigen, um an den großen Herausforderungen zu arbeiten. Forschung und Innovation machen den Menschen Mut und sind in der Lage, Zuversicht zu geben für unsere Zukunft. Deshalb war es uns wichtig, den ursprünglich als Präsenzveranstaltung geplanten Workshop online zustande kommen zu lassen. Es war für alle eine spannende Erfahrung und hat gezeigt: Applied Improvisation ist eine so tragfähige Methode, dass sie auch online sehr gut funktioniert!

Was Sie aus diesem *essential* mitnehmen können

- Online Workshops können das Training sozialer Kompetenzen fördern und sinnvoll unterstützten, wenn die Möglichkeiten zu Präsenzanlässen eingeschränkt oder aus welchen Gründen auch immer nicht vorhanden sind.
- Angewandte Improvisation ist auch online eine hervorragende Methode, um soziale Kompetenzen interaktiv und spielerisch zu vermitteln.
- Um online ko-kreativ zusammenarbeiten zu können, muss eine gewisse Verbundenheit und ein Grundvertrauen aufgebaut werden. Dazu ist es wichtig Ideen nach dem „Yes, and…" Prinzip aufzugreifen und gemeinsam weiterzuentwickeln, sowie lustvoll scheitern zu dürfen.
- Storytelling als Methode ist auch online sehr gut einsetzbar, um Wissen praxisnah, spannend und emotional zu vermitteln. Darüber hinaus können Geschichten zur Verbesserung der Teamarbeit eingesetzt werden.
- Statusspiele finden auch online statt! Umso wichtiger ist ein Bewusstsein für das eigene Statusverhalten und den eigenen Status an die Situation anpassen zu können.

© Der/die Herausgeber bzw. der/die Autor(en), exklusiv lizenziert durch 53
Springer Fachmedien Wiesbaden GmbH, ein Teil von Springer Nature 2020
S. Schinko-Fischli, *Online Workshops mit Angewandter Improvisation*,
essentials, https://doi.org/10.1007/978-3-658-31705-8

Literatur

Adams, K. (2007). *How to improvise a full-length play – The art of spontaneous theater.* New York: Allworth.

Edmondson, A. (2013). *Teaming to innovate.* San Francisco: -Bass & Wiley.

Cossart, E. V. (2015). *Story tells – story sells.* 2nd edn. Great Britain: Amazon.

Johnstone, K. (1993). *Improvisation und Theater.* Berlin: Alexander Verlag.

Lehner, J. M. & Ötsch W. O. (2015). *Jenseits der Hierarchie – Status im beruflichen Alltag aktiv gestalten.* 2. Auflage. Weinheim: Wiley-VCH.

Schinko-Fischli. S. (2019). *Angewandte Improvisation für Coaches und Führungskräfte.* 2. Auflage. Wiesbaden: Springer Verlag.

Spolin, V. (1963). *Improvisation for the theater.* Illinois: Northwestern UniversityPress.

Online-Quellen

Bernardis, A. & Erasim, E. & Reidl S. &Schiffbänker, H. (2013). *Teams in der kooperativen Forschung. Eine Studie von w-fFORTE – Wirtschaftsimpulse von Frauen in Forschung und Technologie.* https://www.ffg.at/sites/default/files/allgemeine_downloads/struktur-programme/wfFORTE/Teamstudie_wfFORTE_final.pdf. Abgerufen am 07.07.2020.

Duhigg, C. (2016). *What google learned from its quest do build the perfect team.* The New York Times Magazine. https://www.nytimes.com/2016/02/28/magazine/what-google-learned-from-its-quest-to-build-the-perfect-team.html?_r=0. Abgerufen am 07.07.2020.

Printed in the United States
By Bookmasters